AF272152

„In der Sage lebt die unsterbliche Volksseele weiter"

Jens E. Mungard (1885-1940)
Sylter Heimatdichter

## Impressum

„Sylter Sagenwelt"
- Die kleine Insel-Edition -

7. Auflage 2025
EastSide Verlag Sylt
© Frank Deppe
Alle Rechte vorbehalten
ISBN 978-3-947096-01-5

# Inhaltsverzeichnis

# Wie Sylt entstanden ist

Als die Sturmfluten von Sylt noch nicht so viel Ufer abgenagt hatten, glich der Mittelteil der Insel zwischen Westerland und Morsum einem Schuhabdruck. Und das kam so: Vor langer Zeit fuhr über die sieben Weltmeere ein riesiges Schiff mit Namen „Manigfual". Den Kapitän nannten die Matrosen nur Ual, den Alten. Das Schiff selbst war so groß, dass man das Heck nicht sehen konnte, wenn man vorne am Bug stand. Ual galoppierte auf einem Pferd tagein, tagaus über die Planken, um seine Männer tüchtig anzuspornen.

Die Masten des Riesenschiffs waren so hoch, dass sie bis in die Wolken ragten. Als junge Männer kletterten die Matrosen hinauf, als Greise stiegen sie wieder hinab. Damit sie bei ihrer harten Arbeit aber keinen Hunger und Durst leiden mussten, waren in den Masten große Körbe befestigt, in denen Wirtshäuser standen. Auch befand sich in einem dieser gewaltigen Mastkörbe eine Wiese, auf der eine Herde Ochsen weidete. Einmal stürzte ein Bulle hinunter und fiel genau in den Suppentopf. Da setzte sich der Schiffskoch in ein Ruderboot und versuchte, den Ochsen aus der Suppe zu hieven. Jedoch er fand ihn nicht. Erst als die Matrosen die Suppe nach Jahren ausgelöffelt hatten, entdeckte man den Ochsen, der unter dem Rand des riesigen Kessels eingeklemmt war.

Nun trieben die Matrosen, wenn sie unbeaufsichtigt waren, allerlei Unfug und brachten das Schiff dadurch in manch missliche Lage. So fuhr die „Manigfual" einmal durch die Meerenge zwischen England und Frankreich. Weil die Mannschaft aber unaufmerksam war, rammte das Riesenschiff die Felsen von Dover und blieb stecken. Da ließ der weise Käpt'n Ual die Wände des Schiffsrumpfes mit reichlich Seife einschäumen, und die „Manigfual" glitt wieder ins Meer zurück. Von dem vielen Seifenschaum bekamen die Kreidefelsen von Dover ihre markante weiße Farbe, wovon man sich noch heute überzeugen kann.

Ein anderes Mal kreuzte das Riesenschiff nahe Dänemark über die Nordsee, als es wiederum durch die Unachtsamkeit der Besatzung auf eine Sandbank lief. Da wurde aller unnötiger Ballast abgeworfen, woraus die Inseln Amrum und Föhr entstanden. So konnte das Schiff flott gemacht werden, doch strandete es wenig später erneut auf einer Sandbank. Diesmal half alles nichts – Ual musste sich aufmachen, um Hilfe vom Festland zu holen und stapfte mit großen Schritten durchs Meer. Als er in seiner Hast mit dem Fuß einmal besonders tief in den Meeresboden trat, blieb die linke Schuhsohle im Grund stecken und bildete den Rumpf der Insel Sylt.

# So kam der Grütztopf ins Wappen

Es war im Jahre 1844, als bei einem Heimatfest in Bredstedt erstmalig das nordfriesische Wappen auf einer Fahne prangte. Neben dem Symbol eines halben Adlers und dem einer Krone sticht dabei ein Grütztopf hervor. Dieser soll der Sage nach von der Tapferkeit der Sylter Frauen künden. Und das kam so:

Auf der Braderuper Heide war es vor langer Zeit zu einer Schlacht zwischen den Syltern und den arglistigen Zwergen gekommen, die auf der Insel allerorten in Höhlen hausten. Dabei gerieten die Sylter Recken gegen die Wichte ins Hintertreffen. Schon waren die Männer im Begriff, feige die Flucht ergreifen, da nahten ihre Frauen und Töchter, die ihnen zur Stärkung Töpfe mit heißem Grützbrei bringen wollten. Als die Sylterinnen die drohende Schande sahen, schleuderten sie die Grütztöpfe erbost gegen die Zwerge. Diese Unerschrockenheit beschämte die Sylter Krieger und sie stürmten zurück aufs Schlachtfeld, wo sie den Gnomen letztlich eine empfindliche Niederlage bereiteten.

# Die Götter der Friesen

Wie bei allen Völkern wurde in der Vergangenheit auch das Leben der Friesen maßgeblich vom Lauf und den Launen der Natur bestimmt. Wenn am Himmel Blitze zuckten oder eine Hitzeperiode die Ernte verdörren ließ, so deuteten dies die Menschen als Zeichen göttlicher Macht. Durch Huldigung und Opfergaben versuchte man, die Götter gnädig zu stimmen.

Auch nachdem auf Sylt – vermutlich im zehnten Jahrhundert – die Christianisierung eingesetzt hatte, blieb der Glaube an Götter und Naturgewalten noch lange Zeit existent. Die heidnische Verehrung wurde insbesondere am Tag des Biikebrennens deutlich: Um ihrem obersten Gott Wodan Tribut zu zollen, entfachten die Sylter auf heiligen Hügeln Opferfeuer. Dann tanzten die Menschen um die lodernden Biiken und riefen „Wodan, zehre!"

Auch wenn Krieg drohte, wurde Wodan angerufen, um den Mut der Männer zu stärken. Von ihm glaubte man, dass er auf einem achtbeinigen Hengst in stürmischen Nächten am Himmel reite, wilde Hunde und ein Totenheer im Gefolge. Raben flogen der schauerlichen Meute voran, und wenn die Sylter früher etwas mit Nachdruck betonen wollten, so pflegten sie zu sagen: „Das ist bei den Raben wahr!"

Thor zählte ebenfalls zu den Hauptgöttern. Ihm hatte man die Rolle des Wettergotts zugewiesen. Wenn er mit seinem Streitwagen durch die Lüfte fuhr und seinen Hammer schwang, dann flogen die Blitze. Auch fuhr er zum Meer hinab, um die Seelen ertrunkener Seeleute einzusammeln. Frigga galt als die Göttin der Ehe und Häuslichkeit. Wenn sie aber traurig war, dann wurden ihre goldenen Tränen zu Sternen am Firmament. Die Göttin Hel hingegen wurde für Krankheit und Tod verantwortlich gemacht. Um ihr Unheil von sich fern zu halten, pflegten die Sylter bei ihren Häusern Holundersträuche zu pflanzen.

Auch Auffälligkeiten in der Natur oder am Himmel wurden als göttliche Zeichen gedeutet. Alte Erzählungen berichten etwa wiederholt von rätselhaften Lichtzeichen. So soll im Jahre 1598 eine große Zahl von Menschen ein Flackern am Horizont erblickt haben, das über viele Tage hin und her wanderte. Anno 1345 soll es gar ein Feuer vom Himmel geregnet haben, „das Holz und Stein verzehrte". Derlei Schauspiele wähnten die Sylter als Vorboten für Tod, Krankheit oder Krieg.

Allein: Die Ahnen glaubten nicht nur an Götter, sondern auch an Hexen, Geister und andere dunkle Gestalten, die nachts oder an einsamen Orten ihr Unwesen trieben. So urteilte ein Morsumer Pastor Anno 1761 über seine Landsleute: „Sie sind plauder- und schwatzhaft, zum Aberglauben sehr geneigt und hängen noch sehr an Gespenster- und Hexenmärchen."

# Die Eroberung von England

Der Horizont steht in Flammen. Rauchzeichen niedergebrannter Dörfer künden weithin von dem galoppierenden Unheil, das sich unaufhaltsam nähert. Menschen raffen ihr Hab und Gut zusammen und laufen um ihr Leben. Das Grauen hat einen Namen: „Die Hunnen kommen – rette sich, wer kann!", rufen die Menschen angsterfüllt jedem zu, dem sie auf ihrer Flucht begegnen.

Wir schreiben das Jahr 449 nach Christus. Wie eine Seuche, so plötzlich und zersetzend, sind die Hunnen in Europa eingefallen. Aus der Tiefe der asiatischen Steppen kommend, scheint nichts und niemand sie aufhalten zu können. Die Hunnen sind außergewöhnlich gute Reiter und versierte Bogenschützen, die mit ihren wendigen Pferden zu einer Einheit verwachsen scheinen.

Die Invasion der Hunnen führt zu einer Völkerwanderung im europäischen Raum. Nur das Königreich Britannien bleibt von den Übergriffen der Steppenreiter verschont. Dafür droht Britannien durch innere Fehden zu zerfallen: Mächtige Grafen und Barone lehnen sich gegen die Herrschaft des Königs Vortigern auf.

Der bedrängte Herrscher ließ einen Boten zu den Frieslanden entsenden. Dort lebte ein ruhmreiches Brüderpaar, das seinen Mut schon in vielen Schlachten bewiesen hatte: Horsa und Hengist. Man sagte, dass die beiden Urenkel des Totengotts Wodan gewesen seien und daher über ihre besonderen Kräfte verfügten.

Angesichts der anrückenden Hunnenhorden folgten Horsa und Hengist dem Ruf des Königs nur zu gern. Mit drei Langschiffen brachen sie vom Wenningstedter Hafen gen England auf. Dieser Hafen soll Anno 1300 zusammen mit dem alten Wenningstedt in einer schweren Sturmflut untergegangen sein. Heute liegen Hafen und Siedlung einige hundert Meter von der Wenningstedter Küste entfernt auf dem Meeresgrund. In England nach stürmischer Überfahrt heil angekommen, schlugen die beiden Brüder und ihre Getreuen im Südosten der Insel ihr Lager auf. Wenig später setzten vom Wenningstedter Hafen zehn weitere und dann nochmals vierzig Schiffe voller Krieger über.

In der Grafschaft Kent siedelten sich die Söldner an und besiegten die Widersacher des Königs. Doch bald wendete sich das Blatt für Vortigern: Obwohl dieser die Tochter des Hengist ehelichte, strebte das Brüderpaar in seiner Gier nach Macht und der Herrschaft über ganz Britannien. So kam es zu vier großen Schlachten zwischen den Söldnern und den Briten. Die Eroberer blieben jedes Mal siegreich, doch fiel Horsa. König Vortigern flüchtete nach Wales, wo er später durch „ein vom Himmel fallendes Feuer" getötet worden sein soll. Hengist aber herrschte fortan als König von Britannien. So wurde von Sylt aus ein ganzes Königreich erobert.

# Finn, König der Zwerge

Nahe der Wenningstedter Kirche erhebt sich ein kleiner Hügel, der eine 5000 Jahre alte Grabkammer verbirgt. Die Sage erzählt, dass sich an diesem verborgenen Ort früher die Zwerge versammelten, die Sylt einst in großer Zahl bevölkerten. In dem Hü-  gel residierte der Zwergenkönig Finn auf einem steinernen Thron und wurde hier auch begraben, nachdem er in einer Schlacht zwischen den Zwergen und den Syltern auf der Braderuper Heide gefallen war.

Finn war der Klügste unter den Wichten. Was ihn von den anderen Zwergen unterschied, war seine Gemahlin, denn sie war ein Sylter Mädchen namens Isa. Diese hatte eines Tages bei einem Spaziergang durch die Heidelandschaft laut ausgesprochen: "Ach, wenn ich es doch so gut hätte wie die Zwerge, sie sind stets lustig, tanzen und singen jeden Abend, und bei Tage arbeiten sie nicht mehr, als sie mögen." Diese Worte hatte Finn, der sich in einem Gebüsch verbarg, mit angehört, kam hervor und bat Isa, seine Frau zu werden. So wurde mit dem ganzen Zwergenvolk eine große Hochzeit gefeiert, und ein jeder Gast brachte dem Paar ein Geschenk: Der eine Wicht einen Fingerhut voll Honig, der andere einen hölzernen Löffel, der nächste einen krummen Nagel und so fort. Die Zwerge schmausten und tranken, tanzten und lachten, Finn aber saß mit einem Mantel von weißen Mäusefellen behangen und einer funkelnden Krone auf dem Haupt auf seinem Thron, an seiner Seite die Liebste, die an jedem Finger einen goldenen Ring trug und im Haar einen Kranz der schönsten Heideblumen.

Gemeinsam verlebten die beiden fortan eine glückliche Zeit, bis dass der Tod sie jäh voneinander schied: Auf der Braderuper Heide war es zu einem großen Waffengang zwischen den Zwergen und den Syltern gekommen, bei dem die kleinen Leute unterlagen. Als Finn die vielen Leichen seiner Untertanen auf dem Schlachtfeld sah, wollte auch er nicht länger leben. So nahm er sein steinernes Messer und stieß es sich ins Herz, gerade als am Horizont die Sonne unterging.

# Was Hexen anrichten

Es war in früheren Zeiten so, dass einige Sylterinnen geheimer Künste kundig waren, die sie bisweilen zum Guten, meist aber aus niederen Beweggründen verwandten. Unter der Arglist der Sylter Hexen hatte auch ein junger Seefahrer zu leiden. Weil er eine Hexe, die ihm nachstellte, verschmähte, verfluchte ihn diese und heckte mit ihresgleichen Böses aus. Als der Jüngling eines Abends zu später Stunde auf dem Heimweg war, sah er sich plötzlich von einer kreischenden Schar Katzen umringt. Diese wurden immer aufdringlicher und setzten ihm mit ihren scharfen Krallen derart zu, dass er in seiner Not ein Messer zückte und es inmitten des Katzenpulks schleuderte. Da stoben die Katzen lärmend auseinander und der Höllenspuk war vorbei. Auf unerklärliche Weise war aber auch das Messer verschwunden, denn vergebens suchte der Bedrängte den Weg am nächsten Morgen noch einmal ab.

Viele Jahre später, der Jüngling hatte es mittlerweile zum Kapitän gebracht, verschlug es ihn auf einer seiner vielen Reisen in ein düsteres Gasthaus, wo ihn eine alte, hinkende Frau bewirtete. Wie groß aber war sein Erstaunen,

als er das Besteck neben seinem Teller näher betrachtete: Zweifelsohne handelte es sich bei dem Messer um dasselbe, das er einst gegen die Katzen geschleudert hatte. Als die Wirtin seinen nachdenklichen Blick bemerkte, fragte sie ihn mürrisch: „Kennst du das Messer?" „Ach ja", sinnierte er, „als ich es das letzte Mal in den Händen hielt, war es meins." Da sprach die Alte zornig: „Ich wollte, du hättest es nie aus den Händen gelassen, dann wäre ich heute nicht lahm." So entlarvte sich die Frau als eine der Sylter Hexen, die ihm einst in Katzengestalt aufgelauert hatten.

Die Alte aber sprach weiter: „Wegen dir musste ich meine Heimat verlassen, konnte ich doch den Spott nicht länger ertragen. Du also hast meine Flügel gelähmt – möge es deinen Kindern genauso ergehen, lahm wie ich sollen sie umher hinken." Da sprang der Gast erschrocken auf und verließ das unheimliche Haus.

Jahre später, die Begegnung mit der Hexe war schon längst in Vergessenheit geraten, heiratete der Kapitän. Doch als ihm seine Frau im Laufe der Zeit vier Kinder gebar, erfüllte sich das dunkle Omen: Allesamt waren sie von Geburt an lahm und humpelten zeit ihres Lebens.

Eine andere Sage erzählt uns: Auf einem Schiff fuhren dereinst ein Sylter Kapitän und zwei seiner Landsleute über die Weltmeere. Ihre Weiber verdingten sich jedoch heimlich der Hexerei, um ihren Männern auf deren Reisen in allerlei Gestalt nahe sein zu können. Da entdeckten sie, dass ihre Liebsten in fremden Häfen auch Umgang mit anderen Frauenzimmern hatten und wurden darüber so zornig, dass sie verabredeten, das Schiff in Gestalt dreier mächtiger Wellen zum Kentern zu bringen. „Und wenn wir dabei selbst zu Schaden kommen?", fragte die eine Hexe besorgt. „Das mag nur dann der Fall sein, wenn uns ein Mensch mit reinem Herzen und unbefleckter Waffe abzuwehren sucht", antworteten die anderen. So also wollten sie es geschehen lassen.

Nun hatte aber der Schiffsjunge die Unterhaltung heimlich mitangehört. Ehe das Schiff am nächsten Tag die Anker lichtete, erwarb der Junge in der Hafenstadt einen neuen Degen, mit dem er zum großen Gespött der Mannschaft übers Deck spazierte. Am Abend erhob sich ein Sturm, und dem Schiff näherten sich plötzlich drei turmhohe Wellen, so dass alle glaubten, ihr letztes Stündlein sei nahe. Nur der Schiffsjunge sprang mutig vor und stieß seine Waffe in die erste Welle, die darauf unschädlich am Schiff vorüber glitt, dabei aber eine Blutspur hinterließ. So ging es auch mit der zweiten und der dritten Woge.

Nachdem das Schiff ohne weitere Vorkommnisse glücklich die Heimat erreicht hatte, erwartete die drei Sylter dort traurige Kunde: Ihre Weiber waren alle plötzlich erkrankt und gestorben, und zwar in derselben Nacht, in welcher der Schiffsjunge die drei Sturzwellen abgewehrt hatte. Da gingen den Männern die Augen auf, dass ihre Weiber Hexen gewesen waren und in welch großer Gefahr sie selbst geschwebt hatten.

Auch ein Bursche namens Jakob Lüng aus Hörnum machte Bekanntschaft mit einer Hexe, die jedoch von guter Gesinnung war und sich ihm in Gestalt einer kleinen, weißen Katze näherte. Fortan wich sie ihm des Tags schnurrend nicht von der Seite, in der Nacht aber verwandelte sie sich in ein schönes Mädchen und war Jakobs Braut. Als dieser einmal für lange Zeit auf See weilte und seine Mutter sich schwerlich selbst zu versorgen wusste, fing die Katze am Tage Vögel und Fische und trug sie der Frau ins Haus, nachts aber machte sie sich als emsige Haushälterin nützlich.

Zumeist aber waren die Ränkespiele der Hexen wie erwähnt tückisch, und die Sylter schützten sich vor ihrem bösen Zauber für gewöhnlich auf die Weise, dass sie vor der Haustür ein Kreuz aus Steinen in den Boden einfügten oder aber ein Kreuz aus Holzpflöcken auf der Spitze des Giebels errichteten. Um solche Häuser sollen die Hexen nämlich jammernd einen großen Bogen geschlagen haben.

# Das Geisterschiff

Es war im Herbst eines längst vergangenen Jahres, als sich die Sylter Frauen voller Vorfreude mit ihren schönsten Trachten kleideten, den prächtigsten Silberschmuck anlegten und Ausschau hielten. Denn es war die Zeit, da ihre Männer nach monatelanger Reise endlich wieder zurückkehrten. Von den Häfen in Hamburg und Holland kommend traf in diesen Tagen ein Schiff nach dem anderen ein und brachte die Walfänger in die Heimat. Wie groß war die Freude, wie zärtlich waren die Umarmungen, als die Schiffe an den Sylter Gestaden anlandeten.

Nur eine junge Frau wartete vergebens auf den Bräutigam. Dies war Bruntje aus Braderup, wohl das schönste Mädchen im Dorf, rank und hoch gewachsen, mit strohblondem Haar, das ihr fein geschnittenes Antlitz umrankte. Doch ihre strahlend blauen Augen hatten nun vom Glanz verloren. Tag und Nacht weinte sie um ihren Liebsten, denn bald war ihr gewiss, dass sie ihn wohl nie wiedersehen würde. Und richtig, es traf die Kunde ein, dass sein Schiff im Eismeer mit Mann und Maus untergegangen sei. Bruntje aber sehnte sich auch weiterhin inbrünstig, und da half es in der Folgezeit auch nicht, dass die anderen Frauen großes Mitleid hegten und ihr die Burschen den Hof machten.

Abend für Abend zog es Bruntje zum Strand, wo sie versunken auf die Wellen blickte, so dass man auf Sylt schließlich munkelte, sie sei nun vollends wirr geworden. Doch eines stillen Winterabends, als Bruntje wieder einmal am Strand verharrte, vernebelte sich die See und das Mädchen gewahrte plötzlich ein Schiff. Und obwohl kein Lüftlein wehte, waren die Segel gebläht und in schneller Fahrt näherte sich das Schiff dem Ufer. Es schien jedoch so, als käme es geradewegs aus dem Schlund des Meeres: Wasser troff von seinen Masten, Seetang bedeckte die Reling und obwohl die Segel gestrafft waren, so zeigten sie doch eine Vielzahl von Löchern und Rissen.

Zuvorderst am Bug stand ein Mann und winkte Bruntje zu. Es war ein vertrautes Gesicht, wenngleich von lebloser Blässe gezeichnet. Da wusste das Mädchen: Ihr Geliebter war gekommen, um sie zu holen. Bald glitt das Schiff wieder sanft in die Nebelwand hinein und Bruntje ward nie wieder gesehen. „Nun hat sie doch noch ihre Liebe gefunden", sagten die Leute. Und in den folgenden Jahren schwor mancher Stein und Bein, er habe bei einem einsamen Gang am Strand plötzlich ein Schiff im Nebel gesichtet und oben an Deck seien zwei vergnügte Menschen gestanden, ganz so, als seien sie ein Liebespaar.

In den folgenden Jahrhunderten wurde das Geisterschiff immer wieder auch auf hoher See erblickt. Nie sah man eine Besatzung an Bord und doch schien es so, als werde das Schiff mit sicherer Hand gesteuert. Alle Kapitäne aber wussten: Wenn der spukhafte Segler aus dem Nebel auftauchte, dann drohten Unwetter und Untergang, so dass jedes Schiff in der Nähe schleunigst den nächsten Hafen anlief. In düsteren Spelunken erzählt man sich, dass das Geisterschiff noch heute ruhelos über die Meere schippert – und das wird wohl so lange der Fall sein, wie es Ebbe und Flut gibt.

# Der Lister Eierkönig

Im Norden der Insel erstrecken sich in endloser Weite die urwüchsigen Dünen des Listlandes. Eben dort lebte im 17. Jahrhundert ein Mann mit Geburtsnamen Peter Hansen, den sie im Dorf aber nur Peter der Kleine oder auch Lille Peer nannten. Nun sollte man aber nicht von diesen Namen auf seine Kräfte schließen, denn er war ebenso klein wie stämmig und konnte gewaltige Kräfte entfesseln.

Schon in seiner Jugend soll Lille Peer ein Boot ganz allein wohl eine Stunde lang über die Dünen zum Wasser gezogen haben. Beim Löschen eines Schiffes trug er immer zwei Fässer zugleich unter den Armen von Bord, während sich die anderen zu zweit mit einem Fass abmühten. Als einmal eine geraume Zeit lang ein wilder Stier durchs Listland streifte und den Menschen das Fürchten lehrte, lockte Lille Peer den Stier mit einem roten Tuch, packte ihn bei den Hörnern und warf ihn auf den Rücken, so dass ihn die anderen bequem fesseln konnten.

Weil Lille Peer so stark war, ernannten ihn die Lister zu ihrem Eierkönig. Das war ein wichtiges Amt, denn zu jener Zeit brachte das Sammeln von Möweneiern den Syltern ein schönes Zubrot ein. Doch trachteten viele Eierdiebe nach ihren Pfründen. Ein Eierkönig hatte daher kein leichtes Leben, Tag und Nacht musste er auf den Beinen sein, um die hartnäckigen Räuber zu verscheuchen. Eines Tages landeten wieder einmal Eierdiebe mit ihren Booten an der Küste. Während diese die Dünen durchstreiften, schlich sich Lille Peer hinunter zum Strand und schob nach und nach alle Boote ins Wasser. Als die Eierdiebe nach geraumer Zeit zurückkehrten, war die Aufregung groß. Einige fanden nach längerer Suche ihre Boote wieder, die an ferner Stelle von der Flut angespült wurden, andere liefen so lange am Strand entlang, bis sie endlich von einem vorbei-segelnden Schiff aufgenommen wurden. Die Eierdiebe verfluchten den Eierkönig, dem sie zu Recht die Schuld an ihrer Notlage gaben, und kamen nie wieder nach List zurück.

Zufrieden war derweil Lille Peer in sein Heim zurückgekehrt und wollte sich just am Ofen wärmen, als seine Frau voller Aufregung an ihn heran-trat: Das jüngste ihrer zwölf Kinder, ein vierjähriger Knabe mit Namen Atten, war verschwunden, und bald ahnten die Eltern, dass der Knabe dem Vater wohl in die Dünen nachgelaufen war. Lille Peer und die Lister such-ten Atten eine ganze Nacht und den folgenden Tag, doch er ward nicht aufzufinden.

Die Jahre vergingen und linderten allmählich den Schmerz der Eltern, da geschah es, dass eines Nachts ein Schiff vor List im Sturm zerschellte. Der Eierkönig war zufällig zugegen, wie Mann und Maus in den Fluten ertranken, allein ein Jüngling atmete noch. Den trug Lille Peer ins Haus, wo ihm seine Frau gleich ein warmes Nachtlager bereitete. Wie groß aber waren ihr Erstaunen und ihre Freude, als sie auf der Brust des Jünglings einige Muttermale gewahrte – zwei-felsohne hielt sie ihren verschollenen Sohn in den Armen.

Nachdem dieser aus seinem erschöpf-ten Schlafe erwacht war, wusste er zu berichten: Ein fremder Mann, ein schwedischer Schiffer sei es gewesen, habe ihn seinerzeit aus den Dünen weg geführt. Seit diesem Tage habe er ihm als Schiffsjunge dienen müssen. Nun aber wurde der Jüngling seinem Vater ein tüchtiger Gehilfe und bald ein würdiger Nachfolger als der Eier-könig von List.

# Die Kreatur vom Kliff

Auf dem höchsten Punkt des Roten Kliffs bei Kampen wohnte vor langer Zeit in einer Höhle, die unter einem großen Steinhaufen verborgen war, ein rätselhafter Mensch mit Namen Niaul. Schon sein Äußeres machte ihn zu einem Sonderling: Unter dem wirren schwarzen Haar und der hohen Stirn sprang eine krumme Nase hervor, tief gruben sich schmale Augenschlitze ins Gesicht, wie flatternde Segel standen die riesigen Ohren ab. Die kurzen Beine aber schienen den massigen Körper kaum tragen zu können, weshalb sich der Gnom für gewöhnlich auf zwei Krücken fortbewegte.

Diese Kreatur mit dem eigentümlichen Namen Niaul war von starrem Eigensinn und bisweilen von falschem Wesen und rechter Bosheit. In stürmischen Nächten kroch er bis an die Kante des Kliffs heran und schwenkte eine Laterne. So manches Schiff kam dadurch von seinem Kurs ab und strandete elendig. Im Morgengrauen humpelte der verschlagene Kerl dann am Strand entlang und sammelte ein, was die Wellen aus dem Wrack angespült hatten.

Doch kannte man Niaul auf der ganzen Insel auch als kundigen Doktor, der mit allerlei Heilkräutern manche Krankheit zu lindern wusste. Wenn die Sylter seiner Hilfe bedurften, dann riefen sie ihn bei seinem liebsten Namen: Meister Nicks.

Nun geschah es eines Tages, dass einige Sylter Hatz auf Seeräuber machten, die sich an Land verborgen hielten. Doch so sehr die Männer die Insel auch absuchten, sie fanden die Flüchtigen nicht. Eben machten sich einige von ihnen schon verdrossen auf den Heimweg, da kamen sie am Roten Kliff vorbei und hörten aus dem Inneren des Steinhaufens, unter dem sich die Höhle von Meister Nicks verbarg, verdächtige Stimmen. Der Stärkste der Verfolger, ein Riese namens Bo, setzte sich daraufhin mit seinem breiten Rücken gegen die Tür der eigentümlichen Behausung, derweil seine Kameraden weitere Hilfe herbeiholten.

Als die Sylter in großer Zahl zum Roten Kliff zurückkehrten, fanden sie Bo in derselben Stellung vor. Doch durch die Kraft, mit der er sich gegen die Tür gestemmt hatte, waren die Steine ins Rutschen geraten und hatten die Menschen in der Höhle begraben. Die Häscher zogen an die vierzig toten Seeräuber unter dem Staub hervor und außerdem eine Hexe von Amrum, die war gekommen, um sich von Meister Nicks einen Rat zu holen. Nur von diesem selbst fehlte jede Spur. Da kamen einige Weiber, die ein zappelndes Fischernetz hinter sich herzogen, aus Kampen über die Heide gelaufen. Im Netz befand sich kein anderer als die gesuchte Missgeburt.

Weil er den Gesuchten Unterschlupf gewährt hatte, knüpften die Sylter den Verräter im Morgengrauen gemeinsam mit sechs Seeräubern, die den Erdrutsch überlebt hatten, an Stricken auf; Meister Nicks jedoch an den Beinen, mit dem Kopf nach unten, weil der Kerl keinen Hals hatte.

# Auf Schatzsuche

Aus der ebenen Sylter Landschaft erheben sich hie und da Grabhügel, von denen sich früher noch weitaus mehr fanden. Für viele Sylter stand es dabei außer Zweifel, dass die Anhöhen nicht allein die Knochen der Verblichenen bargen. Anno 1756 notierte ein Keitumer über seine Landsleute: „Der gemeine Sylter Mann wühlet zum Zeitvertreib in den Hügeln, weil er aus der Sage weiß, dass man Gold in denselben finden kann. Findet er das geringste Metall, so glaubet er, weil es so sehr gleißet, es sey wohl Gold."

Doch die Suche war meist vergebens. Niemand hat etwa den riesigen goldenen Hut gefunden, den König Ring wie ein umgekehrtes Boot auf seinem Kopfe trug. Im einem Hügel zwischen Westerland und Wenningstedt soll der König mitsamt seiner prächtigen Kopfbedeckung noch immer tief unter der Erde ruhen und in einem kleinen Hügel gleich nebenan sein Hund. Von König Bröns hingegen ist bekannt, dass er im Krieg gegen die Sylter Zwerge gefallen ist und samt seiner eisernen Rüstung und seinem vergoldeten Streitwagen nahe des Kampener Leuchtturms begraben wurde. Als dereinst Schatzgräber den goldenen Wagen heben wollten, erhielten sie von unsichtbarer Hand Ohrfeigen, gerieten darüber in Zwist und brachten sich gegenseitig um.

Glücklos gingen auch einige Keitumer zu Werke, die nahe ihres Dorfes im Klowenhügel auf Schatzsuche gingen. Dort hatte der friesische Seeheld Klow seine letzte Ruhestätte gefunden und mit ihm sein goldenes Schiff. Der Schatz aber war verflucht und konnte nur dann gefunden werden, wenn die Suchenden schweigend zu Werke gingen. Tatsächlich hatten die Männer in aller Stille spät in der Nacht schon so tief gegraben, dass sie bereits die Spitzen der goldenen Schiffsmasten sehen konnten. Im Klowenhügel aber wohnten einige Zwerge, die wollten das Unheil abwenden. Da stieg einer von ihnen auf eine Gans und ritt mit ihr über den Hügel. Als die Schatzgräber dieses seltsame Schauspiel sahen, ließen sie die Spaten sinken und riefen erstaunt: „Was ist das für ein Teufelsspuk?" Darauf versank das Schiff augenblicklich in der Erde. Und so oft sich in späterer Zeit auch Schatzgräber auf die Suche machten, sie fanden es nicht wieder.

Von dem Riesen Tipken gibt es zu berichten, dass er auf einem Hügel am Keitumer Ufer seinen Wachturm hatte, von wo er weit übers Meer blicken konnte. Nach seinem Tode begrub man ihn in dem Hügel, der seitdem Tipkenhoog genannt wird. Eines Tages kam des nachts ein Bauer des Weges, der hörte eine Stimme aus dem Hügel schallen: „Sieh doch her, hier liegt ein Schatz." Als der Bauer neugierig zu graben begann, klang ihm plötzlich ein scheußliches Hohngelächter entgegen und er lief bestürzt davon. Der Bauer bezeugte aber, dass es der Geist des Tipken gewesen sei, der ihn solchermaßen genarrt habe.

Auch in den Hörnumer Dünen soll noch so manche Schatztruhe auf ihren Finder warten. Dies nämlich ist das Beutegut von gestrandeten Schiffen. Wenn ihnen die Strandvögte auf den Fersen waren, pflegten die Hörnumer Strandräuber die gestohlenen Truhen eiligst zu vergraben und fanden sie später bisweilen nicht wieder. So soll dereinst ein Knäblein im Spiel mit anderen eine Düne hinab gerutscht sein, als er sich an etwas stieß. Neugierig grub er im Sand und entdeckte eine verwitterte Truhe. Als aber der herbei gerufene Vater den Kasten aufbrach, funkelte darin kostbares Geschmeide, und die Familie litt ihr Leben lang keine Not.

# Der versteinerte Hochzeitszug

Einst lebte in dem Sylter Hauptdorf Eidum, das längst ein Raub der Wellen wurde, eine Jungfrau mit Namen Ose Erichs. Die hatte sich mit einem Seefahrer verlobt und ihm ewige Treue geschworen. Doch wie es mit solchen Versprechungen so geht: Während der Bräutigam auf hoher See weilte, ließ sich Ose, die ein ebenso ansehnliches wie leichtsinniges Mädchen war, von anderen Freiern umgarnen und versprach sich letztlich einem Schlachter aus Keitum.

Als sich nun aber am Hochzeitstage der ganze Brautzug auf den Weg von Eidum zur Keitumer Kirche machte, da begegnete ihnen auf halber Strecke ein hinkendes, altes Weib, das der Gesellschaft zurief: „Eidumer, Eure Braut ist eine falsche Hexe!" Da schallte es vom Brautführer erbost zurück: „Ist unsere Braut hier eine Hexe, dann wüsste ich's wohl und wollte, dass wir allesamt auf der Stelle niedersinken und wieder aufwachsen als graue Steine." Kaum aber hatte er diese Worte ausgesprochen, versank die ganze Gesellschaft im Boden und wuchs in graue Steine verwandelt wieder aus der Erde empor. Fortan blieben die Steine dort zur Warnung stehen für all jene, die einen falschen Schwur ablegten. Erst Jahrhunderte später wurden die Findlinge dann fortgeschafft.

# Die Schlacht an der Tinnumburg

Als Sylt noch unter dänischer Herrschaft stand, sorgte ein Adeliger mit Namen Klaes Limbeck dafür, dass die Sylter folgsam ihre Steuern entrichteten. Doch führte sich der Steuereintreiber, der in einer alten Wallanlage namens Tinnumburg residierte, bald selbst wie ein Herrscher auf: Den Bewohnern der Insel presste er unnachgiebig den letzten Taler ab, und wer sich weigerte, der wurde von seiner Leibgarde gepeinigt und gemordet. Denn Klaes Limbeck hatte eine Horde von Riesen um sich geschart, die an die drei Meter maßen und zu jeder Gräueltat bereit waren.

So litten die Sylter einige Jahre hindurch, ehe das Schicksal eine günstige Fügung nahm. Einer der Riesen nämlich war weithin als kunstvoller Doktor bekannt und wurde an den Hof des dänischen König Waldemar Atterdag bestellt, um dessen Tochter von ihrer Schwermut zu heilen. Wohl gelang ihm dies und er wurde vom König mit reichlich Silbertalern entlohnt, doch als er bei einem abendlichen Trinkgelage gar zu munter mit den schändlichen Taten seiner Sippschaft prahlte, wurde Waldemar aufmerksam. Er ließ den Riesen ziehen, doch heimlich sandte er eine Truppe seiner besten Krieger aus, um für Recht und Ordnung zu sorgen.

Auf Sylt angekommen, marschierte die eine Hälfte des dänischen Heeres von Westen auf die Tinnumburg zu, die andere kam von Osten. Als die Riesen die Angreifer im Westen sahen, stürmten sie ihnen entgegen. Doch da fiel ihnen die zweite Gruppe in den Rücken und schließlich mussten sie sich ergeben. So wurden sie allesamt in Ketten dem Scharfrichter vorgeführt. Zuvor aber hatten die Dänen ihre Gefangenen mit Wein trunken gemacht, so dass diese noch fröhlich sangen, als die ersten ihrer Sippe schon hingerichtet wurden. 120 Riesen fanden so ein unrühmliches Ende und wurden in der Nähe von Munkmarsch in einer langen Reihe von Gräbern verscharrt. All dies soll sich im Jahre 1374 zugetragen haben.

# Ing und Dung

Auf einem heiligen Hügel wurde vor mehr als acht Jahrhunderten die Keitumer Kirche errichtet. Eigentlich sollte sie ihren Platz ein gutes Stück weiter östlich finden, doch weil das Fuhrwerk mit der ersten Ladung großer Findlinge auf der Anhöhe bei Keitum zusammenbrach, glaubte man an einen Fingerzeig Gottes und führte den Bau also an dieser Stelle aus.

Der Kirchturm wurde dem Gotteshaus indes erst geraume Zeit später zur Seite gestellt. Wer das Mauerwerk des Turms genauer betrachtet, entdeckt schnell zwei unförmige Granitsteine, die das ebene Bild der Ziegelsteine unterbrechen. Wie die Sage zu berichten weiß, sollen die beiden Findlinge das Abbild zweier Nonnen in ihren Gewändern darstellen. Denn nahe der Kirche lebten seinerzeit zwei Betschwestern mit Namen Ing und Dung. Die beiden wohlhabenden Nonnen ließen auf ihre Kosten den Kirchturm erbauen und stifteten auch die Glocke, deren Geläut noch heute die Namen „Ing" und „Dung" zu rufen scheint.

Die Glocke aber hatte einen so schönen, hellen Klang, dass ihr Läuten bei gutem Wind sogar auf dem nahen Festland zu hören war und den Neid der dortigen Bewohner weckte. So groß wurde ihre Begierde, dass sie gar den Versuch unternahmen, die Glocke zu stehlen. Da band der findige Keitumer Kirchenvorsteher ein Pferdehaar um den Klöppel, so dass die Glocke nun recht hölzern tönte und die Festländer glaubten, die Glocke sei gesprungen. Von da an hatten die Keitumer Ruhe vor den neidischen Nachbarn.

Beim Bau des Kirchturms aber wurde von einer alten Sylter Hexe eine düstere Prophezeiung ausgesprochen: Eines Tages werde die Glocke niederstürzen und den mutigsten Sylter Jüngling erschlagen, später dann auch der Turm zusammenbrechen und die schönste Jungfrau unter sich begraben. Die Jahre vergingen und es kam der zweite Weihnachtstag des Jahres 1739. Da trieben die jungen Seeleute wie so oft ihren  Schabernack und zogen in aller Herrgottsfrühe unablässig am Glockenseil, um die Keitumer aufzuschrecken. Doch auf einmal hob es die Glocke aus ihren Angeln, donnernd stürzte sie durchs Gebälk hinab in die Tiefe, schlug den Jüngling Sören Sörensen tot und zerschmetterte einem zweiten die Beine. Seit diesem Tag, so erzählt man sich, halten sich alle hübschen Sylter Mädchen von der Keitumer Kirche tunlichst fern.

# Die Rückkehr der Toten

Der Walfang brachte im 17. und 18. Jahrhundert den Wohlstand auf die Insel, aber auch viel Leid über ihre Bewohner: So mancher Seemann kam von seinen Fahrten nie mehr heim und fand auf hoher See ein nasses Grab. Die Geister der Ertrunkenen aber kehrten für kurze Zeit noch einmal nach Hause zurück. Daher wurden sie Wiedergänger genannt.

Ein solcher Wiedergänger näherte sich bei Nacht dem Haus seiner Familie, schaute zur Tür herein, schritt in seinen schweren Stiefeln, die voll Wasser waren, durch die Zimmer, löschte mit der Hand die Kerzen aus und legte sich zu den Schlafenden auf die Bettdecke. Am nächsten Morgen war der Gast verschwunden, und auf dem Boden der Stube fand sich nur noch ein Rest salzigen Wassers, das dem Ertrunkenen von den Kleidern abgetröpfelt war. Wer aber einem Wiedergänger begegnet, der darf ihm nicht die Hand reichen, denn sonst verbrennt sie, wird schwarz und fällt ab.

Unter den Wiedergängern waren aber nicht nur ertrunkene Seeleute. Auch Selbstmörder, Gotteslästerer und andere Übeltäter erschienen den Lebenden. So lebte auf Sylt einst der Strandvogt Lorenz Jens Grethen. Oft war er den Strandräubern auf den Versen, doch einmal hatte er einen gemeinen Mord nicht geahndet. Da musste er nach seinem Tode ruhelos am Strand umherwandern, rettete dort die Schiffbrüchigen, weckte die Strandvögte und munterte sie auf, wenn sie bei ihrer Arbeit nachlässig wurden, den Strandräubern aber versetzte er kräftige Ohrfeigen, auf dass sie so schnell nicht wiederkamen.

In alten Schriften sind weitere Erlebnisse mit Wiedergängern festgehalten. Als 1846 ein 14-jähriger Schiffsjunge in Vera Cruz am Gelbfieber starb, da meinten in Keitum Vater und Mutter die Rufe des Sterbenden zu hören und weckten sich gegenseitig. Von einem anderen Sylter Elternpaar wird berichtet: In der Nacht, in der ihr Sohn bei Kap Horn ertrank, sei er ihnen in der Stube erschienen.

Die Erzählungen über die Wiedergänger beflügelten den Dichter August Kopisch zu folgenden Versen:

*Das Meer wirft Schaum die ganze Nacht,*
*sagt, Gatte, ob Ihr schlaft oder noch wacht?*
*Da stöhnt auf dem Bett der brave Mann*
*„Oh weh!" und wunderlich hebt er an:*
*„So also ist's, wenn ein Wiedergänger erscheint:*
*Man schrickt nicht, doch man trauert und weint.*
*Heut nacht, als grad der Tag entwich*
*kam Vetter Klaas und zeigte sich.*
*Wer weiß, wo sein Leib treibt im Meer,*
*der Gang seines Schattens war trüb und schwer.*
*Er lehnte sich an die geöffnete Tür*
*und sah ins Haus hinein zu mir.*
*Freundlich reichte er mir seine Hand,*
*ich nahm sie nicht – sie wäre verbrannt."*
*Da ruft die Gemahlin bang:*
*„Es war nur ein Traum in tiefer Nacht,*
*öffnet die Augen, erwacht, erwacht!*
*Seht nur, schon leuchtet das Morgenrot,*
*und glaubet mir: Vetter Klaas ist tot!"*

# Die tapferen Sylter Frauen

Zur Zeit des Dreißigjährigen Krieges lieferten sich vor List eine dänische und eine schwedische Armada eine erbitterte Seeschlacht. Zunächst scheint es, als ob die Schweden die Oberhand behalten werden, doch dann setzen die Dänen dem Gegner heftig zu. Schwer angeschlagen flüchten sich die schwedischen Schiffe in das flache Wasser, dorthin, wo ihnen die dänischen Kriegsschiffe mit ihrem weitaus größeren Tiefgang nicht folgen können. Während die Dänen in gebührender Entfernung zur Küste lauern, vagabundieren die schwedischen Krieger über die Insel. Überall erklingt ein Ach und Wehe, denn die Sylter Männer sind auf Walfang, und die Frauen allein können den Plünderungen keine Einhalt gebieten. Endlich naht Rettung: Einem dänischen Kriegsschiff gelingt es, durch einen tiefen Priel im Wattenmeer nahe an die Sylter Ostküste zu gelangen und Soldaten abzusetzen. Diese kommen gerade rechtzeitig nach Morsum, wo ein Trupp Schweden eingefallen ist. Kurzerhand werden die überraschten Plünderer erschossen und verscharrt.

Bald landen noch weitere Schiffe bei Morsum. Dort rüsten die Dänen zu einem Feldzug gegen die Schweden, die ihr Hauptquartier in den Lister Dünen aufgeschlagen haben. Auch die Sylterinnen wollen bei der bevorstehenden Schlacht ihren Mann stehen. Drohend schwingen die mit ihren Trachten – Röcke aus Schaffellen, rote Bauchbinden und hohe, schwarze Kopfbedeckungen – bekleideten Frauen Sensen und Forken und singen: „Dat geit na List mit Allemann, mit Bössen, Schwert un Forken.

De hier nicht fechten will un kann, dat sind wohl rechte Schurken!" („Nun geht es nach List mit alle Mann, mit Büchsen, Schwert und Forken. Wer hier nicht fechten will und kann, das sind wohl rechte Schurken!").

Die schwedischen Krieger wollten gerade Essen fassen, als sie der feindlichen Streitmacht gewahr wurden. Auf den Dünengipfeln erschienen ihnen die Sylterinnen mit ihren hohen Kopfbedeckungen im Gegenlicht der Sonne wie Riesen, so dass sie es mit der Angst zu tun bekamen. Da rissen sie

schleunigst aus, hissten in aller Eile die Segel und kamen nicht mehr nach Sylt zurück. Als die Sylter Seefahrer aber wieder heimkehrten, lobten sie den unerschrockenen Mut ihrer Frauen.

Ein anderes Mal vagabundierte ein Trupp Seeräuber über die Insel, wiederum just zu jener Zeit, als die Männer zur See fuhren. Es waren die letzten sonnigen Herbsttage und die Sylter Weiber hatten ihre Strümpfe und die übrige Kleidung gewaschen und vor den Häusern zum Trocknen aufgehängt. Das kam den Seeräubern gerade recht, denn sie waren zerlumpt und stahlen nun soviel Kleidungsstücke, wie sie zu tragen vermochten. Doch hatten sie nicht mit dem Zorn der Sylter Frauen gerechnet, die aus allen Inseldörfern herbeieilten und den Dieben mit Heugabeln zu Leibe rückten. In den Tinnumer Wiesen setzte das Heer der erbosten Sylterinnen den Eindringlingen tüchtig zu, und diese Schlacht ging als „Strumpfkrieg" in die Sylter Geschichte ein.

# Pua Moders, der Schelm von Sylt

Als ein Sylter Eulenspiegel war einst ein Sonderling bekannt, von dem es hieß, dass der Schornstein seines Hauses stets gegen den Wind geraucht habe. Pua Moders war nicht nur von hässlicher Gestalt, sondern auch von hinterlistigem und diebischem Charakter. Gewöhnlich trieb er sich nach eigener Laune auf der Insel herum, führte die Einfältigen an, war naseweis gegen die Klugen und verhöhnte die Betrogenen. Pua Moders war ein Sohn der Freiheit und ein Kind der Wildnis. Wo man ihn suchte, fand man ihn nicht, wo man ihn hingegen nicht erwartete, da war er schon zur Stelle. Er war mit anderen Worten eine rechte Plage und nirgendwo gern gesehen.

Von seinen vielen Streichen sollen hier einige nähere Erwähnung finden. So war eines Tages vor Hörnum im Sturm ein Schiff gesunken, und seine Ladung, darunter etliche runde Käselaibe, trieb Stück für Stück an den Strand. Auch Pua Moders war zugegen und tat sich an dem Strandgut gütlich. Als reichlich verspätet noch ein Boot von der Insel Föhr hinüber kam, sprach der Schalk zu den beiden einfältigen Fischern: „Wenn Ihr von dem Käse euren Teil abhaben wollt, dann müsst Ihr Euch sputen. Seht doch, dort hinten schwimmt noch ein schöner großer Laib auf dem Wasser." Und Pua Moders zeigte zum Horizont, wo gerade der Vollmond aufging. Da sprangen die Föhrer in ihr Boot und ruderten eilig dem Mond hinterher. Pua Moders aber hatte seine diebische Freude an diesem Schauspiel.

Zu jenen Syltern, mit denen der Spitzbube besonders haderte, zählten die Strandvögte. Wenn sie Pua Moders an der Küste antrafen, wo er oftmals nach Strandgut Ausschau hielt, versetzten sie ihm schallende Ohrfeigen, so dass er eilig flüchtete. Da sann Pua Moders auf Rache und bald bot sich die passende Gelegenheit: Als der Schelm wieder einmal auf der Suche nach Möweneiern durch die Dünen streifte, sah er unten am Strand ein Wrack liegen. Die Strandvögte waren auch schon da und berieten gerade, wie sie die

Ladung am besten bergen konnten. Da schlich Pua Moders zurück nach Westerland und schlenderte wie zufällig am Haus des größten Klatschweibes im Dorf vorbei. Die Schwätzerin saß auf einer Bank neben der Haustür und sprach Pua Moders sogleich an, ob es etwas Neues zu berichten gebe. „Nicht viel, Trine", antwortete Pua Moders gelangweilt. „Nur liegt gerade ein Schiff auf dem Strand, das ist voller Kisten mit Golddukaten. Da haben die Strandvögte wohl eine Weile mit zu tun." Sprach's und spazierte davon. Die geschwätzige Trine aber hatte nichts Besseres zu tun, als die Nachricht in Windeseile zu verbreiten. Und so stürmte wenig später eine gewaltige Horde von Menschen blind von Gier zum Wrack hinunter. Die überraschten Strandvögte konnten der aufgebrachten Menge nicht Herr werden und wurden mit Fausthieben und Tritten verjagt. Doch die Westerländer fanden keine einzige Goldmünze, denn das Schiff hatte bloß Holz geladen. Hoch oben in den Dünen aber saß Pua Moders und lachte schallend, als die Strandvögte voller Blessuren und zeternd an ihm vorbei liefen.

Ein anderes Mal hatte es den Sylter Eulenspiegel auf die nahe gelegene dänische Insel Röm verschlagen, wo die Bewohner in großer Aufregung waren. Sie wollten nämlich ihre Inselkirche ein Stück weiter versetzen und wussten nicht, wie sie dies am besten anstellen sollten. Da trat Pua Moders hervor und sagte: „Das ist doch nicht weiter schwer. Es soll einer von euch seine Jakke ausziehen und sie ein Stück weit vor die Mauer legen. Dann geht Ihr alle zur Nordseite hinüber und drückt nach Kräften gegen die Kirche. Wenn die Jacke unter der Mauer verschwunden ist, dann steht euer Gotteshaus am richtigen Platz."

Diesen Rat nahm die Menge freudig an und stemmte sich mit aller Gewalt gegen die Mauer. Nach einiger Zeit spazierte der Schelm um die Ecke und verkündete, dass es jetzt gut wäre, denn die Jacke sei nicht mehr zu sehen. Die Freude der Menschen war groß und es dauerte einige Tage, ehe die braven Bürger erkannten, dass Pua Moders sie an der Nase herumgeführt hatte. Der Spitzbube jedoch führte auf Sylt stolz seine neue Jacke vor, die er so listig hatte erwerben können.

Die Streiche des Spitzbuben aber gewannen mit der Zeit an Bösartigkeit, und so unrühmlich wie sein Leben war, endete es auch: Sein Boot kenterte in der Meerenge zwischen Sylt und Föhr, und Pua Moders musste in den Fluten elendig ersaufen. Dies geschah im Jahres des Herrn 1610 und war das Ende eines Mannes, von dem man zu sagen pflegte, dass der Schornstein seines Hauses stets gegen den Wind geraucht habe.

# Die treue Ose

So rauh wie das Klima waren auf der Insel dereinst auch die Sitten. „Noch im 17. Jahrhundert", so vermerkte es ein Chronist, „prügelten die grobschlächtigen Sylter nicht selten mit Forken und Dreschflegeln aufeinander ein." Das Resultat dieser Rauflustigkeit: „Im Jahre 1700 waren so viele Streitsachen abzumachen, dass bei der Rechtsprechung zum Herbstthing gleich acht Tage erforderlich waren."

Selbst fröhliche Feste machten von der Unsitte keine Ausnahme: „Wenn Hochzeit gehalten wurde, so fragten die nicht Mitgewesenen am anderen Tage, ob sie denn viel Vergnügen gehabt und sich brav geschlagen hätten. Wäre letzteres nicht der Fall gewesen, dann hieß es, was haben die Gäste alsdann wenig Vergnügen gehabt", verrät ein altes Dokument. Allein: Die handfesten Prügeleien nahmen bisweilen einen tödlichen Ausgang.

Ein solch tragischer Fall ereignete sich damals auch auf einem Hof in Wenningstedt, dessen Besitzer den Namen Frödde trug. Immer, wenn die Heuernte vorüber war, lud er alle Helfer zum fröhlichen Ernteschmaus. Doch einmal gerieten zwei seiner Gäste in heftigen Streit, da kam Frödde hinzu und erschlug in seinem Zorn einen der beiden. Bestürzt über seine Missetat floh der Bauer aus dem Haus und ward fortan nicht mehr gesehen. Seine Frau Ose aber hatte fortan ein schweres Los zu tragen. Vom Grundbesitz musste sie das Meiste verkaufen, um die Geldbuße für das schändliche Vergehen ihres Mannes zu tilgen. Auch arbeitete sie nun vom Morgengrauen bis in den späten Abend hinein, um ihre Kinder ernähren zu können. Die Dorfbewohner bemitleideten die brave Frau, die sich solchermaßen abplagen musste.

Eines Tages, die Flucht des Totschlägers war schon fast in Vergessenheit geraten, nahmen die Ereignisse eine unerwartete Wende: Ose hatte nämlich ein Kind geboren, und jedermann rätselte, wer denn wohl der Vater sei. Schließlich entdeckte man in einer Höhle inmitten der Dünen den Bauern Frödde. Er war gar nicht von der Insel geflohen, sondern hatte sich zehn Jahre lang in dem abgeschiedenen Dünental verborgen gehalten. Da wurde ihm seine sträfliche Tat großmütig verziehen und die Sylter führten ihn zu seinem Haus zurück.

Ose aber, die den Liebsten all die Jahre heimlich mit Nahrung und Kleidung versorgt hatte, wurde ob ihrer aufopfernden Treue überall gerühmt. Zu ihrem Andenken trägt das nördlich von Wenningstedt gelegene Dünental, in dem Frödde Unterschlupf gefunden hatte, bis heute den Namen Osetal.

# Der Schatz im Brödihoog

Hier soll von einem Mann die Rede sein, den das Gold blendete und die Gier schließlich verzehrte. Und so hat es sich zugetragen: Über viele Jahre hinweg hatte sich ein Sonderling dem Strandraub und der Seeräuberei verdungen und so einen stattlichen Schatz zusammengetragen. Doch sein Misstrauen war ebenso groß wie seine Habsucht und sein Geiz, und daher suchte der Dieb ruhe- und rastlos nach einem sicheren Versteck für seine Beute.

Da kam ihm der Zufall zu Hilfe: Als der Missetäter eines Tages nahe bei Kampen einen der vielen Grabhügel, den Brödihoog, hinaufsteigen wollte, trat er auf einen großen Stein, der abrutschte und den Eingang zu einem verborgenen Hünengrab freigab. Das schien dem Rechtlosen der geeignete Ort zu sein und in der folgenden Nacht lagerte er seine Schätze ein und verschloss den Eingang sorgfältig.

Nun hatte der Geizhals auch zwei Söhne, und als diese heranwuchsen, führte er sie in das geheime Versteck und lehrte sie, Gold als das einzige Glück zu betrachten. Schon bald fanden die beiden Gefallen daran und begaben sich bisweilen auch ohne den Vater zu dem verborgenen Ort. In einer stürmischen Gewitternacht blieben die Söhne jedoch aus. Da trieb die Sorge den Alten aus dem Haus, eine dunkle Vorahnung führte ihn hin zum Brödihoog und siehe – die furchtbarsten Vermutungen fanden sich bestätigt: Die Decke der Höhle war durch den Sturzregen eingebrochen und hatte die Söhne lebendig begraben. Darüber verlor der Alte den Verstand und schied zuletzt durch eigene Hand aus dem Leben. Die Sylter aber mieden fortan die Gegend um den Brödihoog, denn wenn die Nacht ihre schwarzen Fittiche ausbreitete, machte sich der Geist des Rechtlosen als stöhnendes Nebelgebilde bemerkbar und vertrieb jeden, der sich seinem Schatz näherte. Einmal aber machten sich einige Männer unerschrocken auf, dem Brödihoog sein Geheimnis zu entlocken. Ihre Schaufeln stießen auf Knochen, Urnen und ein bronzenes Schwert. Der Schatz jedoch wurde bis heute nicht entdeckt.

# Die Wuldeschlucht

Zwischen Kampen und Braderup verläuft die Wuldeschlucht. In alten Zeiten war dieser Hohlweg ringsum von Weißdornbüschen gesäumt, aus denen die Bauern hölzerne Platten für das Zuggeschirr ihrer Pferde schnitten. Denn Bäume wuchsen auf der Insel nur spärlich, und Holz wurde teuer gehandelt. Man musste sich schon mit den Strandvögten gut stellen, wollte man von ihnen etwas Treibholz erwerben. Und wenn ein Schiff strandete, dann leisteten die Sylter Zimmerleute rasch ganze Arbeit.

Holz war also rar gesät, und so sorgten sich die Kampener Bauern um nichts so sehr wie um ihre kostbaren Weißdornsträucher. Eines Tages aber verbreitete ein arger Schelm namens Pua Moders, der auf die Kampener nicht gut zu sprechen war, auf der ganzen Insel das Gerücht, dass von nun an jedermann in der Wuldeschlucht sein Holz schneiden dürfe.

Da bangten die Kampener, dass ihnen die Nachbarn aus den anderen Inseldörfern zuvorkommen könnten und wurden sogar auch untereinander missgünstig. So kam es, dass sie in blindem Wetteifer die Büsche rodeten, bis nur noch ein einziger Strauch übrig war. Dann erst kamen sie zur Besinnung, und zur Warnung für die Nachkommen stand dieser Weißdornstrauch noch lange Zeit an eben diesem Platze.

# Die Sage von Pidder Lüng

Zu Beginn des 16. Jahrhunderts lebte im Süden der Insel ein Jüngling mit Namen Pidder Lüng. Dieser hatte ein widerspenstiges und eigensinniges Wesen, doch auch ein weites Herz, wenn es für eine gerechte Sache zu streiten galt. Half er nicht gerade den anderen Männern beim Fischfang, dann zog es ihn in die Einsamkeit der Dünen. Dort erschien ihm in einer hellen Mondnacht eine Lichtgestalt. Die sprach den überraschten Jüngling an: „Dies, Pidder Lüng, ist deine Bestimmung: Du sollst retten die Tugenden und Freiheiten deiner Vorfahren. So gelobe denn: Lewwer duad üs Slaaw!" Und tief ergriffen schwor Pidder Lüng: „Jaa, lewwer duad üs Slaaw! Lieber tot als Sklave sein!" Denn für ihn war es unstreitig, wer die Freiheit der Friesen bedrohte: Unter dem Joch der dänischen Herrscher litten die Sylter schon lange, im Besonderen die Hörnumer: Es waren einfache Fischer, ungebeugte Menschen und dem Strandraub nicht abgeneigt, wenn ein Schiff vor der Sylter Südspitze strandete. Ihre Losung lautete: „Frei ist der Fischfang, frei ist die Jagd, frei ist der Strandgang, frei ist die Nacht."

Es dauerte nicht lange, da stellte das Schicksal den glühenden Jüngling auf die Probe. Eines Abends, Pidder Lüng und seine Eltern saßen gerade bei Tisch, trat ein vornehmer Herr in die Stube. Das war der Sohn des dänischen Amtmannes, der die Steuern eintreiben wollte und den Friesen hochmütig entgegentrat: „Wohnt hier das Gesinde, welches Gott und der hohen Obrigkeit trotzt?" Worauf der alte Lüng grimmig erwiderte: „Herr, wir sind kein gottloses Gesindel, wir sind ehrliche Fischer und niemandem etwas schuldig." Dies freilich brachte den ungebetenen Gast noch mehr in Wut. „Euch werde ich's zeigen, Ihr friesischen Kohlfresser", sprach der Däne und spuckte in den Kochtopf, in dem Grünkohl dampfte. Da sprang Pidder Lüng mit einem mächtigen Satz auf, rief „Wer in den Kohl spuckt, der soll ihn auch fressen!" und drückte das Gesicht des Steuereintreibers so lange in den Topf, bis sich der Zappelnde nicht mehr rührte.

Dieser ungeheure Vorfall blieb nicht ohne Folgen, und der Totschläger musste die Insel eilig verlassen, wollte er nicht seinen Häschern in die Hände fallen. Pidder Lüng scharte viele Gleichgesinnte um sich, kreuzte rastlos bald hier, bald da übers Meer, kam dabei jedoch vom Pfad der Tugend ab und wurde ein gemeiner Seeräuber, der sein Nest lange Zeit auf Helgoland hatte. Doch es sollte kein gutes Ende mit ihm nehmen: Als Pidder Lüng nach Jahren auf Sylt an Land ging, bewirtete ihn ein listiger Strandvogt, machte ihn trunken und ließ ihn von seinen Schergen gefangen nehmen. Der Sylter Rat hielt Gericht über Pidder Lüng und ließ ihn samt sechs seiner Kameraden auf dem Galgenhügel bei Munkmarsch aufknüpfen. Nur ein Knabe entging diesem Schicksal ob seines Alters, doch rächte er sich für den Tod seiner Gefährten, indem er das Haus des Strandvogtes in Brand steckte.

Das also war das traurige Ende eines heißblütigen Jünglings, den man nach seiner Hinrichtung in einem Hügel nahe der Keitumer Kirche verscharrt haben soll. Noch in den folgenden Jahrhunderten aber wurden junge Burschen, die des Nachts ihrer Liebsten einen heimlichen Besuch abstatten wollten, bisweilen von einem kopflosen Gespenst erschreckt. Das war der ruhelose Geist von Pidder Lüng, der zwischen Munkmarsch und Keitum umherwanderte und mit seinem Schicksal haderte.

# Hexentanz auf dem Buder

Hörnum war lange Zeit ein abgeschiedener Ort. Nur gelegentlich verirrte sich ein Schiffbrüchiger in die Weite der kargen Dünenlandschaft. Die Sylter aber mieden die unheimliche Gegend, in der die ruhelosen Geister von Mördern, Selbstmördern und Ermordeten umher gingen und oft ihre Jammertöne zu vernehmen waren. Auch trafen sich in den Hörnumer Dünen Hexen, um ihre dunklen Zauberkünste zu studieren. Einige dieser Frauen waren hübsch anzuschauen, andere hatten gelbe Zähne und fahle Augen. Bei Vollmond feierten sie ihre Zaubernächte, im Morgenrot aber verschwand der ganze Spuk.

Eine dieser Hexen hieß Maren Taken, und die Menschen erzählten sich wunderliche Dinge über sie: Mal stand Maren Taken wie eine Furie auf einer Düne und beschwor Stürme herauf, mal schwamm sie in der Gestalt eines Schwans oder einer weißen Kuh vor Schiffen her und lockte sie auf eine Sandbank, wo sie strandeten. Als die Sylter ihrer Freveltaten überdrüssig wurden, hielten sie Gericht und ließen sie von Pferden zu Tode treten.

Später siedelten sich im Süden der Insel einige Fischer an, die in kleinen Hütten nahe des Strandes lebten. Wenn die Netze zum Trocknen hingen, luden die Fischer gern Sylter Mädchen zum Tanz ein. Eines solchen Abends hatten sich wieder einmal Sylter Mädchen in großer Zahl eingefunden. Sie tanzten mit den Fischern in einem Dünental lustig umher und sangen dabei ihre schönsten Lieder.

Da verfinsterte sich auf einmal der Himmel. Von Süden her kam ein großer Schwarm von Föhrer und Amrumer Hexen herbei geflogen. Die ließen sich

auf dem Buder nieder, das war die höchste Hörnumer Düne, begannen einen lustigen Reigentanz und stimmten einen noch viel schöneren Gesang als die Sylterinnen an. Da horchten die Fischer auf.

Einer nach dem anderen erklomm den Buder und bat zum Tanz. Die leicht-
füßigen Föhrer und Amrumer Mädchen schienen über den Sand zu schwe-
ben, während die Burschen bei jedem Schritt bis an die Knöchel einsackten.
Darüber wurden sie bald durstig, doch die Hexen reichten ihnen einen köst-
lichen Trank, der sie gleich wieder belebte und noch fröhlicher stimmte.

Die Sylterinnen aber wurden neidisch und bitterböse. Erbost zogen sie von
dannen und schworen, nie wieder nach Hörnum zum Tanz zu gehen. Auch
unter den Sylterinnen waren einige des Zaubers kundig. So sprach eine von
ihnen: "Ich habe daheim ein kleines Fass mit rostigen Nägeln, an denen ich
meine Künste geübt habe. Drei dieser Nägel habe ich bereits gebraucht: Einen legte ich hin für meinen bösen Nachbarn, und er trat sich ihn in den
Fuß, so dass er noch jetzt davon lahm ist. Den anderen trieb ich meinem früheren Bräutigam, der mir untreu geworden ist, verkehrt herum in sein Boot,
worauf er beim Fischfang zugrunde ging. Den dritten aber schlug ich der
über seinen Tod schwermütig gewordenen Närrin, die mir den Liebsten
nahm, heimlich an die Wand ihres Bettes, und richtig, sie erhängte sich in
der folgenden Nacht."

Und so kam es, dass sich in der Morgendämmerung des Tages, an dem die
Hörnumer das nächste Mal ausfahren wollten, einige Sylter Hexen zu deren
Booten schlichen und die Nägel verstreuten. Als es Abend wurde, verbreitete sich in Windeseile die Nachricht über die Insel, dass keiner der Hörnumer Fischer vom Fang heimgekehrt sei. Nur einige Holzplanken der Boote wurden tags darauf am Flutsaum angespült.

# Das Deichopfer

An der Küste wurde in früheren Zeiten der unheilvolle Brauch gepflegt, beim Bau eines Deiches etwas Lebendiges einzufügen. Die christlichen Prediger versuchten dieses Ritual von Sylt zu verbannen und hatten damit auch Erfolg. Doch dann wurde vor dem Dorf Südermarsch, das damals ein gutes Stück südlich von Archsum lag, ein neuer Deich geschüttet. Als es nun zum Deichschluss kommen sollte, also die letzte Lücke mit Klei zu füllen war, entsannen sich die Dorfbewohner des alten Brauchs. Sie sammelten von jedem Bewohner einen Taler ein, daraufhin zwei der Männer zum Festland ruderten, dort nach einiger Suche eine Zigeunersippe fanden und schließlich einer Frau für reichlich Geld ihr jüngstes Kind abschwatzten.

Als die Männer mit dem Säugling in Südermarsch angekommen waren, begannen die Bewohner sogleich mit dem Zeremoniell für den Deichschluss. Just da kam ein Priester aus einem anderen Sylter Dorf des Weges. Als er das sich anbahnende Unrecht erkannte, schalt er die Menge und drohte ihr mit ewiger Verdammnis. Das aber wiederum erzürnte die Bewohner und in ihrer Wut erschlugen sie den Gottesmann. Nach dieser schändlichen Tat erschraken die Menschen vor sich selbst. „Oh weh, Gottes Zorn wird über uns kommen", wehklagte eine alte Frau.

Angesichts der allgemeinen Unruhe beschlossen die Südermarscher, den Deichschluss erst am nächsten Morgen zu besorgen. Als sie aber erwachten, zog mit einem Mal ein gewaltiger Sturm auf, wie man ihn noch nicht erlebt hatte. „Das ist die Strafe Gottes", jammerten die Menschen. Da erhob sich aus dem Meer eine riesige Sturzwelle und spülte den Deich und das ganze Dorf Südermarsch hinweg. Niemand überlebte diesen Tag bis auf eine alte Frau: Sie hatte in der Nacht Gott auf Knien um Verzeihung gebeten, das Zigeunerkind in einen Korb gebettet und mit ihm das Dorf in aller Stille verlassen.

# Der Priester des Satans

Im 15. Jahrhundert gab es in Rantum zwei Gotteshäuser, die stattliche Westerseekirche und die kleine Ratskirche, die inmitten eines ringförmigen Erdwalls lag, der Ratsburg. Der Priester der Ratskirche mit Namen Gorig schaute oft neiderfüllt zur großen Hauptkirche hinüber, und bald wuchs sich diese Missgunst so weit aus, dass Herr Gorig die christlichen Grundsätze vergaß und sich dem Bösen verschrieb. Die Rantumer aber nannten ihn nur „Herrn Gierig mit der krächzenden Stimme" und munkelten, er stehe mit dem Teufel im Bunde. So habe er sich bisweilen in einen hohnlachenden Raben verwandelt und auch gewaltige Stürme herbeigezaubert, auf dass Alt-Rantum dadurch untergegangen ist.

Einmal plünderten Seeräuber das Dorf und als die gerade heimkehrenden Rantumer Seefahrer die Verfolgung aufnahmen, flüchteten die Schurken mit ihrer Beute in die Ratsburg. Dort stellte sich ihnen Herr Gierig, einmal mehr auf seinen Vorteil bedacht, vorgeblich freundlich in den Weg. „Ich bin Gottes Freund und aller Welt Feind. Ihr werdet verfolgt und seid sicherlich müde. Wollt Ihr ein Versteck für euch und eure Schätze, so kann ich euch raten und helfen", schmeichelte der tückische Priester den Räubern. Die willigten in ihrer Not ein und folgten ihm zum Burgwall, wo Herr Gierig den Eingang zu einer geheimen Höhle freilegte.

Als aber der letzte Seeräuber in der Höhle verschwunden war, brachte der hinterlistige Gierig diese zum Einsturz, damit er sich an den Schätzen bereichern konnte. Sein Seelenheil konnte der tugendlose Gottesmann damit jedoch nicht erkaufen. Allein und verbittert starb er inmitten seines Reichtums, nachdem er mit letzter Kraft auf Knien und Händen in die Gruft der Ratsburg gekrochen war. Nach seinem Tod konnte man das Gespenst des Herrn Gierig in mancher Nacht auf dem Burgwall umherwandeln sehen, und einmal soll es spielende Kinder aus der Kirche verjagt haben.

# Das Gerippe im Gotteshaus

Wenn im Winter die Dunkelheit hereinbricht, dann soll es an einigen Orten auf Sylt nicht ganz geheuer sein. Man raunt etwa, dass in frostigen Nächten der kopflose Jückersmann zwischen Keitum und Munkmarsch umher geht, dass in den Westerländer Dünen das ruhelose Gespenst eines ermordeten Schiffbrüchigen herumgeistert und am Keitumer Kliff der Riese Tipken spukt.

Auch die Morsumer Kirche sollte man in solchen Nächten meiden, denn dort soll es ebenfalls nicht mit rechten Dingen zugehen. Das war schon beim Bau des Gotteshauses der Fall, denn eigentlich sollte die Kirche an einem ganz anderen Platze stehen. Dort hatten die Bauleu-te das Material bereits zusammen getragen und alles vorbereitet, als die schweren Steine über Nacht auf wundersame Weise von unsichtbarer Hand an einen anderen Ort verbracht wurden. Darin erkannten die Morsumer einen Fingerzeig Gottes und erbauten die Kirche dort, wo sie heute steht.

Als das Gotteshaus im Dreißigjährigen Krieg Anno 1626 zu einer Wehrkirche ausgebaut wurde, zog man einen Schanzgraben durch den Friedhof, „dabei so manches Totengerippe zerstümmelt und geköpft wurde", wie eine alte Chronik berichtet. Dieser Schanzgraben sei noch viele Jahre zu sehen gewesen und eines Tages habe man den Totenschädel eines Soldaten ausgegraben, „der hatte einen eisernen Bügel um die Knochen, der so fest saß, dass man den Bügel auch mit einem Messer nicht losbrechen konnte".

Den Schädel vergruben die Morsumer kurzerhand auf einem Acker. Bald darauf zeigte sich ein kopfloses Gerippe in der Kirche und schreckte ein armes Mütterlein zu Tode. Auch die Gebete des Pastors und der Gläubigen konnten das Gespenst nicht vertreiben. Da riet ein alter Bauer, man müsse den vergrabenen Schädel suchen und ihn wieder in den Schanzgraben zurücklegen. Allein, so oft und tief die Morsumer den Acker auch durchgruben, sie fanden das Haupt des Skeletts nicht mehr. Und so wandelt es bis heute durch die Kirche und sucht wohl seinen Kopf.

# Von Zwergen und Klabautermännern

L ange, bevor die Menschen Sylt in Besitz nahmen, bevölkerten Zwerge die Insel. Als die Friesen kamen, wurden die kleinen Leute verjagt und zogen sich in unwegsame Gegenden wie die Heide, die Dünen und die Kliffe zurück, wo sie in Hügeln und Höhlen Unterschlupf fanden. Die Zwerge waren dennoch allzeit fröhlich, und bei Mondenschein konnte man sie auf den Anhöhen tanzen und singen sehen. Sie pflückten Beeren auf der Heide, suchten Möweneier in den Dünen und wussten Fische und Vögel zu fangen, denn sie hatten Messer und Äxte aus Stein.

Aber die Zwerge waren falsch. Sie stahlen Schinken und Käse aus den Speisekammern, melkten die Kühe auf den Weiden und versuchten, den Syltern ihre Frauen und Töchter zu stehlen. Weil ihre eigene Brut so hässlich war, vertauschten die Zwerge sie nach Möglichkeit mit neugeborenen Menschenkindern. Aus Furcht vor diesen Wechselbälgern legte man Neugeborenen eine Bibel mit in die Wiege und segnete sie vor dem Schlafengehen mit einem Kreuz. Denn die Zwerge waren allesamt Heiden und fürchteten das Kreuz, und auch der Klang von Kirchenglocken war ihnen zuwider.

In Morsum hausten einige Zwerge in verschlungenen Gängen im Morsum-Kliff und wurden daher die Unterirdischen genannt. Noch heute finden sich dort ihre Spuren: Eigenartig geformte, vom Wind ausgeblasene Röhren aus Sandstein liegen am Fuße des Kliffhangs herum. Diese Fundstücke waren das Geschirr der Unterirdischen, denn am Kliff hatten sie eine Schmiede gebaut, in der sie Töpfe, Schalen und anderes Gebrauchsgut herstellten.

Die Morsumer hatten unter den Gnomen oft zu leiden, denn diese benahmen sich wie diebische Elstern, drangen in die Keller der Häuser ein und taten sich in den Speisekammern gütlich. Einmal ertappte eine Morsumerin einen der Schelme und hielt den strampelnden Wicht am Hosenbund fest. Der wurde bange und versprach, dem Stehlen eine Ende zu bereiten und zur Sühne einen Segen über die Biertonne ihres Mannes zu legen, auf dass die Tonne niemals leer werde. Und siehe da: So oft der Herr des Hauses auch in den Keller stieg, um sich einen Krug Bier abzufüllen, so wurde das Fass doch niemals leer. Das wunderte den braven Mann, und eines Tages rief er aus: „Was ist das nur für eine Teufelstonne, die niemals leer wird?" Kaum hatte er den Fluch ausgesprochen, versiegte das Bier. Die Tonne blieb leer, die Gnome aber stahlen fortan wieder wie die Raben.

Es gab aber auch freundliche kleinwüchsige Gestalten, die wurden Puken genannt und als Hausgeister geschätzt. Zumeist hielten sie sich in den verborgenen Winkeln der Gebäude und Scheunen auf und verschwanden, sobald sich ihnen ein Mensch näherte. Wenn man einen Puk gut behandelt, dann fegt er in der Frühe die Scheune aus und füttert das Vieh. Sind die Kühe

krank, so kennt er die heilsamsten Kräuter. Dafür muss man ihm am Abend aber auch einen Teller mit Grütze hinstellen und darf nicht vergessen, dem Brei ein Klümpchen Butter hinzuzufügen. Gern haben es die Puken, wenn man ihnen ein Paar weiche Pantoffeln oder wollene Strümpfe hinlegt; des nachts kann man sie darin auf dem Dachboden flink herumschlurfen hören.

Manche Zwerge folgten den Sylter Seefahrern auch heimlich auf die Schiffe. Solange sich ein Klabautermann an Bord aufhält, ist es um die Fahrt gut bestellt und das Schiff wird nicht untergehen. Alles, was am Tage auf dem Schiff zerbrochen ist, zimmert der Klabautermann nachts wieder zurecht. Er wacht darüber, dass die Matrosen ihre Arbeit ordentlich erfüllen und gibt den Nachlässigen unsichtbare Ohrfeigen. Bei stürmischem Wetter steht der kleine Schiffsgeist hoch oben im Mast und ruft der Mannschaft gelegentlich Kommandos hinunter, damit nichts Schlimmes geschieht.

Daher ist jedem Kapitän daran gelegen, den Klabautermann bei Laune zu halten. So war einst ein Schiff auf hoher See, als der Kapitän den Schiffsjungen rufen ließ und diesem befahl, eine Flasche vom besten Wein und zwei Gläser aus dem Magazin zu holen. Das wunderte den Schiffsjungen, denn der Kapitän war doch allein in seiner Kajüte. Als er aber eintrat, da saß der Klabautermann beim Kapitän und beide scherzten miteinander.

Wenn der dienstbare Geist jedoch schlechter Laune ist oder von den Matrosen allzu sehr geneckt wird, dann macht er in der Nacht einen Lärm, dass keiner ein Auge zutun kann. Dann wirft er mit Hölzern umher und klopft mal an diese, mal an jene Schiffswand. Wenn die Mannschaft nichts taugt oder an Bord gar ein Verbrechen begangen wurde, pflegt der Klabautermann das Schiff zu verlassen. Dann ist es um die nächste Fahrt schlecht bestellt, denn es wird die letzte sein.

So war einmal Schiff glücklich in den Heimathafen eingefahren, und die Mannschaft hatte begonnen, die Ladung zu löschen. Da hörte einer der Matrosen eine feine Stimme reden, und als er vorsichtig hinter ein paar Fässer spähte, sah er dort zwei Klabautermännchen beieinander stehen. Von denen sprach das eine: „Glücklich war die Fahrt, doch wo wären die Masten, wenn ich sie im Sturm nicht gestützt hätte, und wo die Segel, wenn ich sie nicht geflickt hätte? Der Kapitän und seine Matrosen reden aber allein von ihrer Tüchtigkeit, auch taugen sie allesamt wenig, und darum werde ich das Schiff heute Nacht verlassen." Da wurde dem Matrosen bange, und noch in derselben Stunde musterte er ab. Das war sein Glück, denn wenige Tage später ist das Schiff auf hoher See mit Mann und Maus untergegangen.

# Der Irrweg der Stranddiebe

An einem stürmischen Herbsttag im 18. Jahrhundert strandete ein holländisches Schiff vor Hörnum. Die Mannschaft ertrank in den Wogen, der Schiffsrumpf war zerborsten und die Ladung, die aus Seide und Baumwolle bestand, lag zerstreut am Strande. Im Laufe der folgenden Nacht beruhigte sich das Wetter und noch lange vor Tagesanbruch stach von Föhr aus ein Boot in See und hielt geradewegs auf Hörnum zu. Es waren Stranddiebe, die sich ihren Teil der Beute sichern wollten. Damals war der Sylter Süden noch eine öde, nahezu unbewohnte Dünenlandschaft. Das nächtliche Treiben der Föhrer würde also unbemerkt bleiben, weil mit Sylter Strandläufern nicht vor Tagesanbruch zu rechnen war.

Fünf Männer sprangen auf den Strand, derb und breit gebaut, dabei etwas krummbeinig ausschreitend. Am Tag zuvor hatten sie beobachtet, wie der Holländer durch die hohen Wellen schlingerte und richtig vermutet, dass es mit dem Schiff am Hörnumer Strand ein Ende nehmen würde. Doch am Oststrand, wo sie im Schutze der Dunkelheit angelandet waren, wurden sie nicht fündig. Also galt es, die Dünen zu durchqueren und am Weststrand auf eine günstigere Fügung zu hoffen. Schweigend durchwanderte die kleine Gruppe die Dünentäler. Stockdunkel war es, die flackernden Handlaternen spendeten kaum Licht, und der Mond schien nur gelegentlich schemenhaft zwischen den Wolken hindurch. Auf einmal war den Männern so, als würde ihnen auf einer Düne im fahlen Mondschein eine menschliche Silhouette gewahr. Leise pirschten sich die Föhrer vor, doch als der Mond erneut hinter den Wolken hervor trat, war die Gestalt verschwunden.

Noch eine Weile harrten die Männer schweigend aus, aber kein Lebewesen war zu erblicken und kein Laut zu vernehmen. Da versicherten sie sich gegenseitig, dass ihnen die Phantasie wohl einen Streich gespielt habe.

Der Anführer beschied daraufhin, dass die übrigen eine kurze Rast einlegen sollten, während er schon einmal den Strand nach dem Wrack erkunden wolle. Es verging eine geraume Zeit und die Zurückgebliebenen begannen sich bereits zu sorgen, da endlich erblickten sie ihren Anführer und sahen ihn heftig winken. Ein gutes Zeichen, schien er doch ganz offenbar fündig geworden. Als die Männer das Ufer erreichten, fanden sie dieses tatsächlich mit Strandgut übersät. Der Anführer hatte sich schon einen großen Ballen auf den Rücken geladen und den Rückweg angetreten, just sahen sie ihn in ein Dünental entschwinden.

Hastig suchten die Männer zusammen, was sie tragen konnten, und folgten ihm. Doch wie lang schien ihnen der folgende Marsch und als sie nach dem Anführer riefen, da schritt er nur noch schneller voran. Keuchend hatten die vier Stranddiebe wieder eine hohe Düne erklommen, da schraken sie zurück: Wohl ein gutes Dutzend Männer kam ihnen durch das Dünental entgegen, bewaffnet mit Forken und Knüppeln. Nur wenige Meter noch, dann würden die Häscher den Anführer erreicht haben, der regungslos verharrte. Doch was war das für ein Teufelsspuk? Gleich würden die Männer seiner habhaft werden, kein Ausweg, keine Flucht war möglich – da wurde er wie von Geisterhand vom Dünensand verschluckt! Doch schienen ihn die Häscher gar nicht bemerkt zu haben, sondern begannen lärmend die Düne zu erklimmen, auf der die Föhrer kauerten.

Da entledigten sich die Stranddiebe eiligst ihrer geplünderten Habe und stoben in das Dunkel der Dünen. Als sie im Morgengrauen erschöpft an ihrem Boot ankamen, fanden sie dort zu ihrer großen Verblüffung den wartenden Anführer vor. Er hatte in der Nacht den falschen Weg eingeschlagen, sich verirrt, nach langer Suche endlich den Lagerplatz seiner Männer verwaist vorgefunden und sich unverrichteter Dinge zum Boot aufgemacht. Auf Föhr angekommen, wussten die verhinderten Plünderer ihren Landsleuten angstvoll zu berichten, dass sie in dieser gar schaurigen Nacht von einem wahrhaftigen Gespenst in die Irre geführt und an die Sylter verraten wurden. Von da an vermieden es die Föhrer Stranddiebe tunlichst, nach Sylt hinüber zu fahren.

# Ekke Nekkepenn

Wenn eine Sturmflut an die Ufer der Insel brandet, dann glauben die Rantumer nicht an eine Laune der Natur. Sie meinen: Das ist die Rache von Ekke Nekkepenn. Und das hat folgende Bewandtnis: Ein Schiffer aus Rantum segelte einst übers Meer, als aus den Wellen plötzlich der Kopf eines Wassermannes auftauchte. Der rief dem Kapitän zu: „Ich bin der Meermann Ekke Nekkepenn und mein Weib Ran wird in dieser Stunde ein Kind gebären. Nun soll ihr deine Frau dabei hilfreich sein." Die Frau des Kapitäns hatte dies mit angehört und sprach unverzagt: „Ich will gleich kommen, denn man soll niemanden allein lassen, dem man helfen kann." Und so stieg sie mit dem Wassermann hinab zum Meeresgrund. Die Geburt verlief glücklich und es dauerte keine volle Stunde, da kehrte die Frau des Schiffers an Bord zurück, die Schürze voller Gold und Silber.

Ekke Nekkepenn aber dachte noch oft an die schöne Schiffersfrau zurück, denn er war seines alten Weibes mit der Zeit überdrüssig geworden. Da ging er bei Rantum an Land und takelte sich wie ein schmucker Seefahrer auf, denn er wollte Brautschau halten. Bald begegnete ihm am Strand ein hübsches Mädchen und Ekke glaubte, es sei die Schiffersfrau. Tatsächlich aber war es ihre liebreizende Tochter, die Inge von Rantum gerufen wurde. Der Meermann begann, heftig um Inge zu werben, streifte ihr einen goldenen Ring über den Finger und sagte: „Nun hab' ich dich gebunden und du bist meine Braut." Da verzagte Inge und begann zu weinen, doch Ekke lachte nur: „Kannst du sagen, wie ich heiß', dann bist du frei und meiner los." Und er entschwand.

Vergeblich aber fragte Inge einen jeden nach dem Namen ihres Freiers. Betrübt und ratlos wanderte sie schließlich in den Rantumer Dünen umher, als sie auf einmal einen eigenartigen Gesang vernahm: „Heute will ich brauen, morgen will ich backen und übermorgen Hochzeit machen. Ich heiße Ekke Nekkepenn, und meine Braut ist die schöne Inge von Rantum." Kein anderer war es als der verliebte Meermann, der dort sang. Da wurde Inge froh ums Herz und als ihr Ekke am nächsten Tag seine Aufwartung machte, rief sie ihm zu: „Du bist Ekke Nekkepenn und ich bleibe Inge von Rantum." Der Meermann blieb genarrt zurück und grollte fortan den Rantumern. Er schickte Stürme und Flutwellen an ihre Strände und ließ ihre Schiffe von seinem Weib Ran mit Netzen einfangen und versenken.

# Die Läuterung des Jünglings

In Tinnum wohnte einst ein lebenslustiger Jüngling, der wie viele andere auch zur See fuhr. Dabei bewies er großes Geschick und brachte es schon bald zum Steuermann. Wenn er von seinen Fahrten nach Sylt zurückkehrte, warfen alle ledigen Mädchen ihre Netze nach ihm aus und alle jungen Burschen beneideten ihn. Auf Drängen seiner Eltern versprach sich der Jüngling schließlich einer schönen Nachbarin. Doch bevor er mit dieser den Bund fürs Leben

schloss, wollte er sich noch ein wenig die Hörner abstoßen und liebäugelte mal hier, neckte die Mädchen mal dort.

Eines Abends machte er sich auf den Weg nach Keitum, wo er wiederum ein Stelldichein mit einer hübschen Maid hatte. Er war schon bei der Keitumer Kirche angekommen und voll leichtsinniger Gedanken, da trat aus dem Friedhof plötzlich eine Gestalt hervor, die trug ein langes Gewand und hatte kein Gesicht. Der Jüngling verharrte starr vor Schreck und noch unheimlicher wurde ihm, als ihn das Geschöpf mit festem Griff mit sich zog. An den alten Grabsteinen der Sylter Seefahrer vorbei führte der Weg bis zu einem frisch ausgehobenen Grab. Dort löste die gespenstische Gestalt ihren Griff und als sich der Jüngling umblickte, war sie wie vom Erdboden verschluckt.

Der verängstigte Bursche aber erkannte diesen Vorfall als Warnung, sank auf die Knie und versprach sich und Gott, seinen unsteten Lebenswandel für immer zu beschließen. Wenige Tage später wurde Hochzeit gehalten, und der Jüngling hielt seiner Angetrauten wahrhaftig ein Leben lang die Treue.

# Der Edelmann und der Leibeigene

Einst gelangte am Hafen von Hoyer auf dem nahen Festland ein stämmiger Wanderer an. Er trug schwere Holzschuhe, eine löchrigen Jacke, eine zerschlissenen Hose und wirkte auch sonst sehr mittellos. Aus einem Geldbeutel fischte er den letzten Taler hervor und bezahlte dem Fährmann damit die Überfahrt nach Sylt, wo er nach glücklicher Überfahrt an der Sylter Nordspitze an Land ging.

Zur selben Zeit sprengte ein herrschaftlicher Reiter auf den Hafen von Hoyer zu. Dort erkundigte er sich nach einem Leibeigenen, der ihm entlaufen war, und richtig: Die Beschreibung, die man ihm von einem kurz zuvor gewahrten Fremden gab, stimmte genau überein. So harrte der Adelige wohl oder übel aus, bis der Fährmann zurückkehrte und ließ sich eben dorthin übersetzen, wo der Flüchtige abgesprungen war. Alles schien dem dänischen Edelmann hier tot und öde: Er sah Dünen, so weit das Auge reichte, aber kein Haus und keinen Hof. Mühsam suchte sich das Ross seinen Weg durch die sandigen Gefilde und immer wieder musste der Edelmann eine Pause einlegen. Auch plagte ihn bald der Hunger, doch fand er im Dünengras einige Gelege mit Möweneiern, die er begierig schlürfte.

Gerade wollte er sich wieder aufmachen, da versperrte ihm ein breitschultriger Hüne den Weg, der drohend einen Knüppel schwang. Es war der Lister Eierkönig, der die Möwennester vor Plünderern bewachte und in dem Glauben war, just einen solchen Eierdieb auf frischer Tat ertappt zu haben. Den Edelmann belustigten die Anwürfe des Eierkönigs anfangs und er schilderte diesem, dass er keineswegs auf der Suche nach Möweneiern, sondern nach einem entlaufenen Diener sei. Als der Eierkönig dem jedoch keinen Glauben schenkte und sich gar anschickte, dem Edelmann Fesseln anzulegen, da zog dieser sein Schwert, hob es zum Schlag und hätte seinem Widersacher wohl den Schädel gespalten, wäre ihm dieser nicht zuvorgekommen und hätte ihm die Waffe mit einem wuchtigen Knüppelhieb aus der Hand geschlagen.

Der Eierkönig, dem die Dänen wie allen Syltern verhasst waren, blickte den Geschlagenen scharf an und sprach: "Du Eierdieb und Menschenschinder, verflucht sei deinesgleichen. So merke dir aber: Wer bei uns Zuflucht sucht, wird ein freier Mann unter Friesen." Da sprang der Edelmann hastig auf, schwang sich in den Sattel seines Pferdes und sprengte dorthin, von wo er gekommen war. Eine ganze Nacht und einen halben Tag harrte er am windigen Strand aus, ehe ihn der Fährmann wie vereinbart wieder aufnahm.

Ohne seinen entlaufenen Diener, aber mit umso mehr Groll im Herzen kehrte der Däne schließlich unverrichteter Dinge wieder auf sein Gut zurück.

Der Leibeigene indes war einige Zeit durch die Lister Dünen geirrt, als er auf eine schlafende Schafhirtin traf. Beim Anblick der lieblichen Jungfrau war er sich sofort gewiss, dass sie dereinst sein angetrautes Weib werden würde. Die Maid führte ihn in das elterliche Haus, wo sie ihn verpflegte und ihm ein wohliges Nachtlager bereitete. Nun stellte sich heraus, dass die Jungfer die Tochter des Lister Eierkönigs war. Der Entflohene gewann in der Folge ihr Herz, ehelichte sie und fuhr zur See, wo er es mit glücklicher Hand bis zum Kapitän eines Handelsschiffes brachte.

# Die Rache des Riesen

In einem Hügel unweit der Keitumer Kirche ruhen die Gebeine eines Rekken mit Namen Bo. Zu Lebzeiten achteten und fürchteten ihn seine Landsleute gleichermaßen, denn seine Glieder schienen wie aus Felsblöcken gehauen und er besaß gewaltige Kräfte. Auch war der Hüne ein weithin bekannter Seeheld, der bei seinen Fahrten stets reiche Ernte hielt.

Eines Sommers begab es sich, dass die Dänen auf Sylt einfielen, während Bo und die meisten Männer gerade zur See fuhren. Die Eindringlinge wüteten allerorten, erschlugen Greise und Knaben, raubten Weiber und Vieh und plünderten die Höfe. Als die Sylter heimkehrten, ballten sie die Fäuste und schworen bittere Rache. Sie sammelten auch die Friesen von Föhr und Amrum um sich und zogen mit einer großen Streitmacht nach Dänemark hinauf. Dabei metzelten sie in ihrem unbändigen Zorn alles nieder, was sich ihnen in den Weg stellte. Raben flogen dem friesischen Heer krächzend voran, und wo sich die schwarzen Vögel am Himmel zeigten, flohen die Dänen in wilder Furcht. Schließlich kam es zu einer großen Schlacht, bei der die Dänen ins Hintertreffen gerieten. Da schloss deren König Frieden und entschädigte die Friesen für die dänischen Gräueltaten auf Sylt fürstlich.

So kehrte Bo abermals als Held in die Heimat zurück, wo ihn jedoch eine betrübliche Kunde erwartete: Ein Däne mit Namen Hother hatte während Bos Abwesenheit dessen Bruder Bolder tückisch ermordet, denn er trachtete nach Bolders Weib. In grimmiger Wut machte sich Bo sofort nach Dänemark auf. Mit seinem Pferd sprengte er in rasender Eile durchs Lister Wattenmeer, nur von seinem treuen Hund begleitet. Auf halber Strecke konnte der Hund nicht länger Schritt halten und verendete. Kurz vor dem dänischen Ufer brach auch das geschundene Pferd tot zusammen. Da stürmte Bo zu Fuß weiter, bis er in der Gegend des heutigen Hojer den Hother beim Pflügen auf einem Acker antraf. Dieser riss seinen Pflug aus der Erde und schleuderte ihn auf Bo, doch verfehlte diesen der Wurf. Da griff Bo nach einer Forke und stach den Mörder seines Bruders nieder.

Unter den Syltern genoss Bo auch weiterhin großes Ansehen. Wann immer die Schwachen in Not gerieten, stand er ihnen bei. Im Boikenhoog, der westlich von der Keitumer Kirche liegt, fand der Hüne schließlich seine letzte Ruhestätte. Noch bis vor geraumer Zeit aber schlugen die Sylter, wenn sie sich von der Obrigkeit hintergangen glaubten, eine Klageschrift an ein Brett auf dem Boikenhügel, auf dass der Geist von Bo für Recht und Ordnung sorge.

# Der Bauer und die Unterirdischen

Vor langer Zeit lebt in Archsum ein junger Bauer. Vor seinem Haus erstreckte sich weithin ein Kornfeld, in dem sich stets zur Erntezeit ungebetene Besucher einfanden. Es waren die Zwerge aus den Höhlen des Morsum-Kliffs, die bei Nacht das Korn stahlen und in ihren Speisekammern tief unter der Erde für den Winter einlagerten. Als sich die Diebstähle mehrten, legte sich der Bauer auf die Lauer, doch in der Dunkelheit gelang es ihm schwerlich, einen der flinken Zwerge beim Schopfe zu packen. Da ersann er eine andere Idee: Er legte inmitten des Feldes eine Fallgrube an. Und siehe da: Schon am nächsten Morgen hatte er einen Fang gemacht, denn in der Grube strampelte ängstlich ein kleiner Wicht.

„Habe ich Euch diebisches Gesindel endlich ertappt", frohlockte der Bauer und schickte sich an, den Zwerg mit seiner Forke zu erschlagen. Da jammerte der Wicht: „Töte mich nicht, so will ich dich mit reichlich Gold entlohnen." Der Bauer hielt inne und dachte nach. „Gut, ich will deinen Vorschlag annehmen. Doch musst du mir ein weiteres Verlangen gewähren: Ich will einmal Eure Höhlen erkunden." Der Zwerg aber rief: „Noch nie hat ein Mensch unsere Heimstatt betreten, dies Begehren vermag ich nicht zu erfüllen." Da hob der Bauer drohend seine Forke. Wimmernd fügte sich der Gnom: „So soll es denn geschehen, wenn du davon nicht ablassen willst." Doch bemerkte der Bauer nicht den feinen Unterton in den Worten des Zwerges.

Wie es der Unterirdische versprochen hatte, führte er den Mann zum Morsum-Kliff. Dort angekommen, stieß er einen hohen, melodischen Pfiff aus. Kurz darauf äugten Zwerge hinter den Hecken hervor, die den ihrigen wüst beschimpften, als sie ihn in der Begleitung eines Menschen erblickten. Besänftigend redete der Wicht auf seine Kameraden ein und verstand sie davon zu überzeugen, dass er sein Wort nicht brechen könne. So banden die Zwerge dem Bauern ein Tuch um die Augen, damit die Verborgenheit ihrer Höhlen gewahrt bleibe, und führten ihn ein Stück am Fuße des Kliffs entlang. Dann ging der Weg den Steilhang hinauf, mühsam suchte der Bauer bei seinen Schritten Halt. Plötzlich schien es bergab zu gehen, zugleich verspürte er eine starke Kühle. „Bück dich tief!", raunte ihm ein Zwerg zu, dennoch stieß er sich mehrmals den Kopf und spürte die Enge eines Ganges. Endlich befahlen ihm seine Begleiter, innezuhalten und lösten die Binde von seinen Augen.

Staunend blickte sich der Bauer um. Er stand in einem großen Saal, in dem das Zwergenvolk gerade tafelte. Man bedeutete ihm, an einem der Tische Platz zu nehmen. Eine Zwergenfrau reichte ihm einen Trunk süßen Honigweins und einen Teller mit Früchten und Pilzen. Indessen spielten ein paar Gnome lustig auf. Der eine pfiff munter auf einer selbstgeschnitzten Flöte, der zweite blies auf einem Kamm, und der dritte schlug auf eine Pauke ein. Nach einer Weile ersuchte der Bauer den Wicht, dessen Leben er verschont hatte, ihn herum zu führen. Um viele Ecken führte der Gang, dessen Boden mit groben Feldsteinen gepflastert war, immer tiefer in die Erde hinein. Viele kleine hölzerne Türen, mit allerlei Schnitzwerk verziert, reihten sich aneinander, die führten in die Stuben der Zwerge. Allesamt sahen diese gleich aus: Ein kleines Bettchen, ein Schränkchen und ein Spiegel, dies genügte den Wichten.

Plötzlich endete der Gang vor einer schmiedeeisernen Tür. „Was verbirgt sich dahinter?", begehrte der Bauer von seinem Begleiter zu wissen. Widerwillig öffnete dieser die Tür. Wie aber blendete der Anblick den Bauern: Die Kammer war angefüllt mit Gold und feinstem Geschmeide, das die Zwerge im Laufe einer langen Zeit den Menschen gestohlen hatten. Habgierig befühlte der Bauer die Kostbarkeiten, die ihm ein Leben ohne Sorgen bescheren würden. „So soll dies mein Lohn dafür sein, dass ich dir die Freiheit schenkte", sagte der Bauer, und als der Zwerg stumm nickte, füllte er sich die Taschen, bis die Nähte fast platzten.

Wortlos geleitete ihn der Zwerg zum Ausgang und verband ihm dort wiederum die Augen. Erneut ging es mühsam über Stock und Stein, ehe der Zwerg den Bauern mit den Worten entließ: „Nun also hast du gesehen, was du wolltest. Ergeben habe ich mich deinem Wort, doch die Zeit, sie streicht hinfort." Und ehe der Bauer etwas auf diese rätselhaften Worte erwidern konnte, war der Zwerg wie von Zauberhand vom Erdboden entschwunden.

Der Bauer blinzelte ins Sonnenlicht, seine Augen mussten mit der Helligkeit erst wieder vertraut werden. Dann stapfte er heim gen Archsum und wühlte unentwegt in seinen Taschen. „Ach, was bin ich doch für ein Glückspilz", dachte der Bauer und pfiff ein munteres Liedchen vor sich hin. Wie lange er wohl bei den Zwergen verweilt hatte? Ein halber Tag mochte dabei leicht verstrichen sein. Endlich hatte er das Dorf erreicht. Alles schien unverändert, doch bei genauerer Betrachtung entdeckte der Bauer verwundert manch Neues. Da vorne, dieses Haus – es hatte doch heute morgen noch nicht gestanden. Und die Scheune dort, die kannte er auch nicht. Überhaupt: Alle Menschen, die ihm auf seinem Weg begegneten, waren ihm fremd.

Endlich kam er am Haus eines guten Freundes vorbei, als ein junges, ihm unbekanntes Fräulein vor die Türe trat. Als er sich aber nach seinem Freund erkundigte, schalt ihn die Dirn einen dreisten Lump. Nun trat auch die Mutter aus dem Haus und erschaudernd vernahm der Bauer von ihr, dass den Besagten schon lange die Friedhofserde bedecke. Beklommen nannte der Bauer der Frau seinen eigenen Namen. Nein, dieser war ihr nicht geläufig. Erst nach längerem Nachdenken erhellte sich ihr Gesicht. Ob der Bauer ihr wohl einen schlechten Streich spielen wolle, fragte sie argwöhnisch. Wohl habe es im Dorf einen Mann dieses Namens gegeben, wie ihr vor langer Zeit ein altes Mütterlein erzählt habe. Dieser Mann sei eines Tages unbemerkt auf und davon gegangen und ward nie wieder gesehen. Im selben Moment erblasste der Bauer, sein Haar wurde mit einem Mal schlohweiß und er fiel tot um.

# Friesen sterben bei Ebbe

Nichts ist so stetig wie der Wandel – doch beständig kommen und gehen die Gezeiten: Alle sechs Stunden wechseln Ebbe und Flut einander ab. Die Gezeiten, so beteuert die Sage, werden durch den Mann im Mond bewirkt: Zunächst bückt er sich und schöpft Wasser, das er auf die Erde hinab gießt, so dass die Flut einsetzt. Wenn er sich dann aufrichtet und von der Arbeit ausruht, läuft das Wasser wieder ab und es ist Ebbe. Der Mann im Mond ist ein Riese, der einst auf Erden gelebt hat. Weil er aber ein elender Schafdieb war, verbannten ihn die Götter auf den Mond.

Bei auflaufendem Wasser sollen vornehmlich Knaben das Licht der Welt erblicken, während Mädchen meist bei Ebbe geboren werden. Jungen, die bei Flut zur Welt kommen, haben dem alten Volksglauben nach gute Aussichten, einmal tüchtige Seemänner zu werden. Und wird ein Knabe zu Weihnachten bei Flut geboren, dann bringt er es wohl gar zum Kapitän. Trifft seine Geburt an Heiligabend jedoch mit der Ebbe zusammen, ist er der großen Gefahr ausgesetzt, sein Leben bei einem Schiffbruch zu verlieren.

Auch dies ist überliefert: Ein Hund wird tollwütig, falls er bei Flut Meerwasser trinkt. Wenn man aber Hühnern zur Zeit der Ebbe Eier zum Brüten unterlegt, dann schlüpfen daraus gesunde, starke Küken. Die Sylter Frauen wussten früher: Bei Ebbe kocht die Milch auf dem Herd nicht über. Und eine geläufige Erkenntnis war es auch, dass Friesen bei Flut geboren werden und ihre Augen bei Ebbe für immer schließen.

# Von Totenlichtern und wilden Feuern

A uf Sylt hat man in früherer Zeit gelegentlich tanzende Lichter oder Flammen beobachtet, die den Menschen als bedeutungsvolle Omen erschienen. Solche Totenlichter, die bisweilen von einem Wimmern wie das eines kleinen Kindes begleitet wurden, verhießen nichts Gutes. Sie wurden etwa am Strand an solchen Stellen gesehen, an denen kurze Zeit später die Leiche eines Ertrunkenen antrieb. So sah ein Mann einmal, wie ein flakkerndes Licht vom Meer her an dem Ort Tinnum vorbei bis zum Keitumer Friedhof wanderte. Bald darauf kam ein Sylter bei Hörnum ums Leben und sein Leichnam wurde auf demselben Wege zum Friedhof gebracht.

Im Jahre 1598 soll gleich eine große Zahl von Menschen in Archsum ein wildes Feuer erblickt haben, das brannte viele Tage lang und wanderte beständig hin und her. Was es aber zu bedeuten hatte, vermochte niemand zu erklären. Und Anno 1345 soll am ganzen Himmel über Sylt ein helles Glühen gewesen sein, wie Schneewolken habe es Feuer vom Himmel geregnet, das Stein und Holz verzehrte.

Wenn ein Sylter starb, so wurden seine Angehörigen oftmals einer Erscheinung gewahr, die man Vorspuk nannte. Dann sah man im Nebel der Abenddämmerung einen schemenhaften Leichenzug durch die Gegend ziehen bis hin zu jener Stelle, an der die Leiche begraben werden sollte. Wer aber der Geisterschar auf ihrem Weg begegnete, der musste entweder zur Seite weichen oder stillstehen, bis der Leichenzug an ihm vorüber geschritten war.

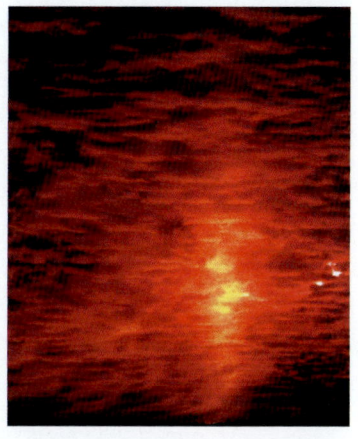

Es gab auch solche Zeichen, die von einem bedeutenden Wandel kündeten. Über das Sylter Dorf Eidum, das im Jahre 1362 in einer Sturmflut versunken ist, hieß es in einer Prophezeiung: "Wenn alle Machthaber der Erde hin und her untereinander Krieg und Aufruhr beginnen und die Eidum-Kirche zum zweiten Male wegen der See und des Sandes weiter nach Osten versetzt worden ist, dann wird in der Welt ein seltsamer und wunderlicher Glaube aufkommen unter den Menschen. Da wird der eine Nachbar um des Glaubens willen mit dem anderen streiten, und die Diener Gottes müssen aus dem Lande fliehen. Man wird von den Eltern fort in ferne Lande reisen und nicht mehr zu den Seinigen zurückkehren. Wehe dem, der diese Zeit erlebt. Wenn solches geschieht, dann ist gewiss das Ende und das Jüngste Gericht nicht mehr weit."

# Sylter im Himmel

Wenn in früheren Zeiten schwere Stürme wüteten, Schiffe zu Spielbällen der Wellen wurden und schließlich vor Sylt strandeten, dann schlug die Stunde der Strandräuber: Binnen weniger Stunden wurden die Wracks zerlegt, die Ladung geplündert – und bisweilen die Besatzung als unliebsame Zeugen kurzerhand erschlagen. Selbst die Androhung drastischer Strafen durch den Landesherrn – der Diebstahl von größeren Werten wurde mit dem Galgen gesühnt, auf die Ermordung von Schiffbrüchigen stand die verschärfte Todesstrafe durch das Rad – konnten dem dunklen Treiben kaum Einhalt gebieten.

Weil sich die Sylter so unchristlich benahmen, wurden sie von Petrus fortan nicht mehr in den Himmel eingelassen. Eines Tages gelang es jedoch drei Verstorbenen, in einem unbemerkten Augenblick durch das Tor zu schlüpfen. Als sie nun im Himmelreich waren, sorgten sie dort für reichlich Unruhe: Sie gingen andere Seelen hart an, geizten nicht mit losen Schimpfworten und verlangten immer wieder nach Rum. Da überlegte Petrus angestrengt, wie er die ungebetenen Gäste nur wieder loswerden könne. Plötzlich kam ihm der rettende Gedanke. Er rief laut „Schiff auf Strand" – und siehe da: Schon stürmten die drei Sylter begierig durch das Himmelstor hinaus. Sofort aber verschloss Petrus den Eingang und hielt fortan umso aufmerksamer Wacht. Man sagt, dass es die Sylter daher bis heute recht schwer haben, in den Himmel zu gelangen.